大旗出版
BANNER PUBLISHING

大旗出版
BANNER PUBLISHING

歷史
不忍細究
貳

編者序

英國著名史學家卡爾有個著名命題：「歷史就是與現實不斷地對話。」卡爾說：「並非所有有關過去的事實都是歷史事實，或者都會被歷史學家當做事實加以處理。」歷史學家的事實是一個主觀與客觀相互妥協的產物。歷史學家的原則是求真，但是他追求到的歷史事實總帶有幾分無奈。歷史，是客觀存在的事實，真相只有一個。然而記載歷史、研究歷史的學問卻往往隨著人類的主觀意識而變化、發展、完善，甚至也有歪曲、捏造。

因此，閱讀歷史，我們常常會讀出幾分含混、幾分閃爍，也許這正是史家們的難言之隱。而那幾分含混和幾分閃爍中，究竟隱藏著什麼真實細節和生動故事？有哪些史事被誤讀了呢？對歷史的喜好，也許就是源於我們對已發生的未知事物的渴望，並促使我們不斷地去尋找那事、那人，尋找那被人遺忘的暗角……

大陸央視《百家講壇》節目的成功，催生了一股讀史風潮，這股讀史風潮席捲書市，方興未艾。《百家論壇》作為一本應運而生，面向歷史愛好者，在通俗解讀的基礎上正說歷史的雜誌，「揭歷史之謎團，還歷史之真相」，使人們能在輕鬆的閱讀中解讀歷史、啟迪智慧，自創刊以來，得到了眾多讀者的極大關注與支持。

應廣大讀者的要求，我們去年將《百家論壇》部分文章整理、歸類、集結成書出版，以便於閱讀、收藏和研究。已出版的《歷史不忍細讀》全套書系得到了海內外讀者的一致好評，如今，我們再次應廣大讀者的要求，仍以「破解謎團、還原真相」為主要內容，將知識性、考證性、故事性、趣味性作為遴選文章的取向，同時在考證性、故事性與可讀性方面有所突破，以期更好地滿足廣大讀者的閱讀需求。並希望借由《歷史不忍細究》能幫助您瞭解燦爛中華的文史傳承，引領您去走入歷史與文化的更深處。

本書文章貼近大眾閱讀取向，所輯錄的文章正說歷史，貼近現實，視角新穎，注重通俗化與可讀性，拒絕枯燥。閱讀此書，跟隨作者的調查、考證和探索，透過那些歷史事件知情者、親歷者的回憶，隨之而來的新奇、驚異，獲得新知的刺激感將不斷產生，歷史那曾經跳動的脈搏和呼吸猶如重現……

編者　孫萍

目錄

編者序……4

第一篇 個人隱私

溥儀和他的五個女人……12
袁世凱與朝鮮明成王后的一段私情……21
丁夫人為何令曹操抱憾終生……28
曹操為什麼一生不敢稱帝……32
中國第一美人西施與范蠡的情愛秘史……36
最奢華的沐浴：慈禧洗澡全過程……45
格格想和丈夫同房先要賄賂保姆……54
唐朝小偷揭出的一樁驚天「婚外情」……55
潘玉良：從「雛妓」到蜚聲海外的女畫家……58

唐德宗的自救：挽救大唐帝國的一份檢討書……67
清末轟動朝野的一樁官場花案……73

第二篇 還原真相

血滴子與雍正特務政治的真相……84
雍正賜死年羹堯真相……93
其實唐朝並不以肥胖為美……103
「空城計」內幕：司馬懿為何故意放諸葛亮一馬？……107
丘處機勸誡成吉思汗真相……112
揭密：楊乃武與小白菜案實情……116
代父從軍花木蘭的真相：其實她不姓「花」……125
東方「福爾摩斯」狄仁傑的真臉譜……130
末代皇儲口述：溥儀立嗣的隱秘內幕……137
溥儀被引渡回國真相……141

慈禧西逃前是如何處死珍妃的？……149
努爾哈赤被大炮彈炸死真相……160
中國郵史秘聞：中國第一枚郵票不是「大龍」……166
老北京探秘：誰是天安門城樓的設計者？……172

第三篇 史海獵奇

花間才子溫庭筠的荒唐事……186
姜撫：盛唐時代的資深騙子……192
明代公主只能嫁與平民，且屢次被無賴騙婚……197
漢武帝最昂貴的一次豔遇：十萬人的生命作為禮物……202
孫武為何膽敢斬殺吳王寵妃？……211
清宮荒唐事：司機跪著給慈禧開汽車……218
聖旨原來也有假……220
古代妓院為何總喜歡開在考場對面？……225

古代新婚夫妻在房事前有什麼禮儀？……233
砸爛睪丸，剖挖心臟——徐錫麟的悲歌……236
清初屠城事件：池塘儲屍幾近殺絕……245
古代日蝕秘聞：讓天文官丟腦袋，曾阻止戰爭……253
清末彩票：回報率70％……258

第一篇

個人隱私

西施與范蠡曾私訂終身，兩人育有愛的結晶？
丁夫人至死都不把曹操放在眼裡，所為何來？
袁世凱與朝鮮明成皇后有段不可告人的私情？
情愛世界有如霧裡看花，為古人增添幾分耐人尋味的色彩。

溥儀和他的五個女人

蔡文軒

民國初年，名存實亡的末代皇帝溥儀在遺老們的操縱下，迎娶了婉容為「皇后」，文繡為「皇妃」。後來又迎娶了譚玉玲、李玉琴、李淑賢……

這些女子是如何被娶進來的，溥儀與她們之間有著怎樣的情感經歷呢？

在中國漫長的封建社會中，先後出現了兩百一十九位「真龍天子」。這些人間帝王都有權廣置「後宮佳麗」。這些皇后皇妃大多是被汙辱、被踐踏和被玩弄者，她們的下場是悲慘的。中國最後一個皇帝——愛新覺羅．溥儀，也有他的皇后和皇妃。但是在特定的歷史條件下，隨著時代的變遷和末代皇帝的新生，這些皇后皇妃有著不同的命運：有的悲慘地死去了；有的在新社會中得到了重生；有的真正成了幸福的妻子。

可悲的皇后——婉容

婉容是紫禁城內最後一個擁有皇后地位的女性。西元一九二二年十二月一日，溥儀娶了一后一妃。皇后叫郭布羅．婉容，淑妃就是文繡。婉容的曾祖父曾任清代吉林將軍。

婉容冊封皇后時年方十七。她長得很美，杏眼玉肌，黑髮如雲，亭亭玉立，姿色迷人，而且是百裡挑一的才女。但是，溥儀一開始並沒有選中她，原因是溥儀選皇后時並未見到真人，是用照片代替的。因為那時的照相技術不佳，溥儀自己回憶說，在我看來，四張照片都是一個模樣，實在分不出美醜來。他便不假思索地在文繡照片上用筆劃了個圈兒。但是溥儀之母——端康太妃不滿意，溥儀又順從地在婉容的照片上畫了一下，結果立婉容為后，文繡為妃，從此決定了兩人的命運。

據說溥儀對他圈選的皇后還是挺喜歡的。婉容未入宮時，常常接到來自養心殿的電話，皇上與她絮絮長談。可是，婉容入宮的頭一天就和皇上鬧了彆扭。按舊例，於大婚前一日進宮的淑妃，要對皇后行跪迎之禮。因溥儀常看新書，多少受到人權平等說的薰染，免去了這項禮節。這下可惹怒了皇后。洞房花燭夜，婉容竟「拒絕」皇上入房。溥儀只得在養心殿冷冷清清獨宿了一夜。

婉容在紫禁城中生活了近兩年。她很「摩登」，喜愛騎馬和吃西餐，還跟美國人學英語。她經常用英文和皇上通信。溥儀給她取了個英國名字——伊莉莎白。最初幾年，溥儀與婉容的關係還好，後來婉容和文繡的矛盾日益加深，兩人常由猜疑而生事，溥儀不得不常常當她們的和事佬。婉容比較霸道，自恃是皇后，總存心排擠文繡。溥儀為了減少紛擾，有許多夜晚，既不去儲秀宮，也不去重華宮，只在自己的養心殿中。

溥儀失去了皇帝身分，被逐出宮後，婉容在一九二五年隨溥儀到了天津，在日租界的張園裡過著豪華的生活。婉容常常以「濟貧」為手段，把自己打扮成救世善人。一九三一年江淮發大水時，婉容獻出一串珍珠救災，一時傳為美談，京、津、滬的報紙紛紛刊出「皇后」玉照和那串閃亮的珍珠。「九一八」事變後，溥儀在日本帝國主義的誘騙下，偷偷潛入東北，當了傀儡——偽滿皇帝。婉容也在日本女間諜川島芳子的慫恿下去了大連。後來又到長春，住在偽執政府的緝熙樓中，成了執政夫人。

婉容的居室鋪有地毯，四壁用帶有素色花紋圖案的金黃色彩綢裱鑲，玻璃窗上安著紗和綢的幾層窗簾，整個布置富麗、典雅。但是她很快發現原來自己鑽進了鳥籠，她在宮中的一舉一動都受到日本侍女的監視和告密。她想設法逃走，沒能走成，在「滿洲」過了漫長而又黑暗的十四年。這時的溥儀對婉容越來越反感，由於婉容擠走了文繡，溥儀怪婉容不好，很少和她說話，也很少到婉容的臥室去。無限的空虛、冷漠和寂寥在婉容的內心鬱結成疾，日子一久，便得了精神失常的疾病。

後來，溥儀發現了婉容和隨侍私通有孕，非常氣惱。婉容跪在溥儀面前，淚流滿面地哀求他，希望能承認這個無罪的嬰兒，但溥儀堅決不答應。這個沒有取得出生權利的女嬰兒，生下來只半個小時便被送進內廷的鍋爐裡燒化了。婉容這時還以為孩子已被送到宮外找人撫養。從此婉容被打入冷宮。她的神經病越犯越重，菸癮越來越大。昔日美貌絕倫的皇后變成了骨瘦如柴、披頭散髮的「活鬼」。

婉容在政治和生活的地獄中，掙扎了漫長的十四年。到了一九四六年，隨著日本人的投降，溥儀被蘇聯紅軍俘虜，婉容也被解放軍轉移到吉林延吉的監獄，在那裡，婉容孤苦伶仃地結束了她的一生。婉容死時身邊沒有一個親人。那些當年受她皇恩潤澤，享受榮華富貴的親友，沒有人照看她，也沒有人去尋找她的屍骨。

文繡和「妃革命」

文繡是我國歷史上第一個敢於向封建皇帝提出離婚並訴諸法院獲得成功的皇妃，從而擺脫了婉容那樣的悲慘命運。

文繡進宮那年尚不滿十四歲，還是一個天真爛漫的少女。可她一踏進那高大的圍牆，便失去了一切自由。她在一篇短文中，把自己比作「悲鳴宛轉」、「奄奄待斃」的「哀怨鹿」。皇后婉容欺侮文繡，皇帝總是偏袒皇后。有一天，文繡獨自外出，回來後在院子裡吐了一口唾沫，湊巧婉容正坐在旁邊，便生了疑心。皇后要求皇帝對文繡當面斥責，文繡蒙受此不白之冤，感到十分委屈。從此，婉容和文繡之間的疙瘩便愈結愈深，以致發展到水火不相容的地步。

文繡在外貌上確實不如婉容美麗，橢圓形的臉稍胖，眉毛濃重，眼睛缺乏神采，口角較大。但論思想卻遠遠超過婉容，她追求自由，也很有勇氣。一九三一年八月二六日，文繡在妹妹文珊的陪伴下，帶一名隨身太監出外「散心」。出門後，就指令司機一直開向國民飯店。進房坐定後，文珊正色告訴太監說：「你先回去吧！淑妃留在這兒了，還要向法院控告皇上哪！」被此話震驚的太監，雙腿長跪哀請淑妃回宮。文繡態度堅決，從袖中出示三封信，讓他轉告皇上。太監還想哀求，只聽房門一響，三位西裝革履的律師走進室內，太監只好登車而去。

文繡的出走，猶如向封建統治階級甩出了一枚炸彈，震盪了平津。溥儀焦急萬分，召集遺老商議如何處理這件醜事。最後決定委託律師出面，爭取和解，但因雙方堅持己見，差距太大，未能達成協定。

文繡出走，是在當時封建勢力核心人物頭上動了一把土，不能不激怒那頑固存在的舊世界。封建禮教的衛道士們如黑雲壓城般向這位不願再當皇妃的青年女子壓了過去。打前陣的不是別人，卻正是文繡的族兄文綺！這位族兄在信中寫道：「惠心二妹鑒：頃聞汝將與遜帝請求離異，不勝駭詫。此等事件，豈是我守舊人家所可行者？我家受清室厚恩二百餘載，我祖我宗四代官至一品。且漫雲遜帝對汝並無虐待之事，即果然虐待，在汝亦應耐死忍受，以報清室之恩德。今竟出此，吾妹吾妹，汝實糊塗萬分，荒謬萬分矣！」

然而文繡並不屈服，她給文綺回覆了一信：「文綺族兄大鑒：妹與兄不同父，不同祖，素無來往，妹入宮九載未曾與兄相見一次，今我兄竟肯以族兄關係，不顧中華民國刑法第二百九十九條及三百二十五條之規定，而在各報紙上公然教妹耐死。又公然誹謗三妹，如此忠勇殊堪欽佩。查民國憲法第六條，民國國民無男女、種族、宗教、階級之區別，在法律上一律平等。妹因九年獨居，未受過平等待遇，故委託律師商榷別居辦法，此不過要求遜帝根據民國法律施以人道之待遇，不使父母遺體受法外凌辱致死而已。不料我族兄竟一再誣妹逃亡也、離異也、詐財也……理合函請我兄嗣後多讀法律書，向謹言慎行上作工夫，以免觸犯民國法律，是為至盼……」

這封信寫得有理有據，何等痛快。當時有人把淑妃出走叫做「妃革命」。溥儀雖然採取多種辦法調解，文繡斷然拒絕，堅決向天津地方法院提出了訴狀。文繡硬了，溥儀也就軟了，讓「皇帝」在法庭相見，簡直是要他的命。經過雙方律師兩個月的磋商，終於簽字和解，雙方協定完全脫離關係。溥儀給文繡五萬五千元的生活費。文繡永不再嫁。雙方互不損害名譽。

後來，文繡用這筆經律師、中間人和家人克扣後所餘甚少的贍養費辦了一所小學，親身任教，終身未嫁，直到一九五〇年因病去世。她是我國歷史上第一個當過教師的皇妃。

貴妃譚玉齡之死

一九三七年，溥儀為了表示對婉容的懲罰，也為了有個必不可少的擺設，另選了一名犧牲品譚玉齡。譚玉齡那年只有十七歲，正在北京的中學堂念書。按祖制規定，清朝皇帝的妻妾分為皇后、皇貴妃、貴妃、妃、嬪、貴人、常在、答應八個等級。玉齡被冊封為「祥貴人」，是皇帝的第六等妻子。

溥儀很喜歡攝影，有人曾根據宮中散落的照片進行統計。據說數千張照片中，皇后婉容露臉的只有八張，而譚玉齡的卻有三十三張之多，可見溥儀愛情之所在。溥儀確實很喜歡譚玉齡，直到這位皇帝成為公民後，還將玉齡的照片貼身攜帶。

當年，譚玉齡在宮中，溥儀雖能常常看她，卻仍是不能讓她擺脫寂寞。溥儀便允許幾名「宮廷學生」的妻子進宮來陪她。毓嵣之妻楊景竹便是親身陪過譚玉齡的。據她回憶說，譚玉齡一百六十公分左右的個頭，體態苗條，在那五官端正的凸形臉上，只見長長睫毛下，有雙不大不小的眼睛忽閃忽閃的，頭髮是用電棒捲燙出的大卷，雙耳都戴著玉墜，穿一身蘋果綠顏色的絲絨旗袍，這一些更顯出她裸露在外的臉部以及手臂皮膚的白嫩與細膩。

從楊景竹的回憶錄中，還可以看出，譚玉齡是一個心地善良、性格溫柔的女子，不擺皇妃架子，禮貌待客，對下人十分和氣。溥儀有時受了日本人的氣後，回到寢宮心情煩悶而又暴躁，往往無緣無故地對譚玉齡大發脾氣，有一次甚至把「祥貴人」身上穿的旗袍撕得粉碎。對此譚玉齡不僅能夠忍耐，而且還寬慰丈夫，使他心平氣和下來。但溥儀沒有想到，過了七年如漆似膠的日子後，二十四歲的譚玉齡卻一命嗚呼。

關於譚玉齡的死，至今還是個謎。當時在宮廷中的毓嵣回憶說，溥儀的第三個妻子叫譚玉齡（初封「祥貴人」，死後封「明賢貴妃」），身患膀胱炎，引起急症。經吉岡（日本人）推薦滿鐵醫院小野寺院長前來治療。據說，小野寺來時和吉岡在內廷候見室談了一個小時的話，然後進入內廷緝熙樓的玉齡寢室內診治。不料，經注射後不到天明即死去。人們都說玉齡之死是吉岡所下的毒手。因為早在婉容精神失常以後，吉岡就向溥儀提議選一個日本女人入宮。溥儀推說已在北京選好，不久即將接來，這就是譚玉齡。吉岡當時雖然不滿，但也不便過分干涉。恰好玉齡有病，遂下此毒手。

譚玉齡是否確是吉岡所害，眾說紛紜，沒有更多的證據，溥儀對此也深表懷疑。

「福」貴人最終得福

譚玉齡死後，吉岡向溥儀又提前議，並給溥儀找來不少日本女人的相片，讓溥儀選擇。溥儀害怕自己的私生活會讓日本人知道，便推託說：「譚玉齡屍骨未寒，暫時不想結婚。」後來，在六十多張偽滿中、小學校的女學生照片中，溥儀選中了李玉琴。

李玉琴當時才十五歲，從照片上可以看出她的天真、單純和幼稚，這正是溥儀所需要的。李玉琴因此被冊封為「福貴人」。溥儀看著胖呼呼的玉琴說：「以後遇到什麼不吉利的事情，用你的福就可以克住了。」然而李玉琴真的有「福」嗎？後來，當她接近退休時，當上了長春市政協委員，有自己溫暖的家庭，這可以說她是幸福的，但在過去幾十年中，她走的卻是一段十分曲折的路！

李玉琴出身貧苦，入宮以後，常常被人看不起。溥儀為了控制她，首先訂出了讓她永遠不能翻身的二十一條，主要內容是：必須無條件地遵守清王朝的祖制；一切言行都要順從溥儀，即使和父母通信也要先得到批准；必須忠實地伺候溥儀一輩子，思想上偶然起了不該起的念頭，也要立即請罪；不許回家和親人見面，不許私蓄一分錢，不許打聽外事，不許愁眉苦臉等等。溥儀讓她親手抄寫「筆據」，在佛前立誓後焚燒，讓她終生為自己承擔義務。溥儀高興時就讓李玉琴唱歌給他聽，或是做體操給他看，不高興時就斥責她，用掃帚打她，發完脾氣還要捧出「二十一條」不許愁眉苦臉，強迫她破涕為笑。

日本投降以後，隨著「滿洲帝國」的垮臺，李玉琴生活在潰逃、流亡和動盪的日子裡。那時溥儀已到了蘇聯。一九四六年解放長春以後，李玉琴回到了娘家，由於娘家人的堅持，又把她送到了天津溥儀的族兄溥修家裡居住。溥修是個頑固的清室遺老，他禁錮李玉琴如同囚犯一樣。李玉琴在這個封建家庭裡生活了五年，做飯洗衣，如同奴僕，還常常挨餓。天津解放後，玉琴要求出去工作，溥修卻說什麼：「餓死事小，失節事大。」李玉琴只好靠織毛衣度日。

李玉琴因為是貧農出身，雖然在同德殿裡逐漸變得滿足、嬌懶，但她在思想感情上和滿族貴族仍然不一樣，在新社會的影響和政府的幫助下，她參加了掃盲班，以後又回到了東北，參加了工作，並於一九五七年和溥儀離了婚。當時的溥儀正在撫順接受改造。李玉琴離婚後和當時在長春廣播電臺的一個工作人員結了婚，重新建立起幸福美滿的家庭。

愛人、妻子李淑賢

溥儀得到特赦後，他的個人生活發生了新的變化。一九六二年，他又結婚了，對方就是李淑賢。

結婚那年，李淑賢是個三十七歲的大姑娘。她是杭州人，從小失去父母。當時她是北京朝陽區關廂醫院的護士。婚後，兩人相親相愛，幾乎達到不能分離的地步。溥儀曾向李淑賢說：「以前我在宮中時，根本不懂夫妻之間應有的相互關係，妻子是我的玩物和擺設，高興了就去玩一會兒，不高興就幾天不理。我是從來不知愛情為何物的，只是遇見你，才曉得人世間還有這樣甜蜜的東西存在。」

溥儀無微不至地關心妻子，一九六三年夏季北京暴雨如注，公共交通一時受阻，溥儀下班後，急忙從家中取了一把傘，冒雨趟水去接李淑賢。他等了半天，不見李淑賢的人影，只得往回走。突然，他發現路上有個沒上蓋的水道口，溥儀生怕妻子路過那裡踩了進去，於是，就在那裡直挺挺地守了好一會兒。

溥儀和李淑賢在一起幸福地生活了五年。一九六七年十月七日，溥儀因患腎癌而逝世。溥儀逝世時，正處於「文革」期間，李淑賢在周總理和政協的關懷下，生活一直很好。

袁世凱與朝鮮明成王后的一段私情

陶然雨庭

袁世凱，一個影響中國近現代史的梟雄。在他為人所知、沉浮榮辱的政治人生背後，其實也有著不為人知的那個時代平常人的生活。袁世凱一生有一妻九妾，但他在任大清國駐朝鮮總理交涉通商事宜的全權代表期間，還與朝鮮明成王后的有過一段私情，這究竟是怎沒回事呢？

曾在中國熱播的韓國歷史大戲《明成王后》以正劇的形式塑造了一位韓國國母閔妃的一生，但是該片應該是故意漏掉了一段戀情，那就是明成王后與袁世凱的一段感情。

一八八二年，袁世凱隨淮軍將領吳長慶進駐朝鮮，當時袁世凱二十三歲，年輕英俊，一點也不像後來的矮胖子。在吳長慶一八八五年去世後，袁世凱升任為大清國駐朝鮮總理交涉通商事宜的全權代表。袁世凱設計幫助韓王和王妃明成王后也就是閔氏除掉政敵大院君，得到了朝鮮最高統治者的賞識，當時執掌朝鮮大權的其實是閔妃，她聽從袁世凱建議，組建義勇團，並任用袁世凱為練兵大使，使義勇團成為維護閔妃統治集團統治的重要力量。

當時閔妃美貌無比，有世界第一美女之稱。她感激袁世凱幫其除掉大敵，又仰慕袁世凱的風采，有意以身相許。袁世凱也是一人不甘寂寞，兩人隨即私通了。但為了不引人懷疑，閔妃想出一條計策，將其妹妹碧蟬介紹許配給袁世凱。碧蟬雖姿色不如其姐姐，但也是傾國之貌，且立志非英雄不嫁。在王妃的鼓惑下，同意了這門婚事。過門之後。閔妃幾乎每天都借探望妹妹之名來袁世凱家，不久便被其妹發現，碧蟬知道之後氣憤無比，向袁世凱曉以厲害，袁世凱也擔心與一國之母私通之事暴露之後會影響甚大，便又按照碧蟬的方法，從河南帶回自己的一個姨太太，謊稱正室，主持家務，閔妃對此恨之入骨，便聯合那個姨太太一起算計碧蟬進行報復。

後來日軍開始進攻朝鮮，袁世凱回國，隨同帶上了曾經侍奉過閔妃和他的兩個婢女，回國之後，袁世凱不知出於何種原因，將兩個婢女也收為側室，並按年齡大小分別成為二、四兩姨太太，碧蟬僅排為第三，原想成為正室的碧蟬還得經常受到大姨太太的打罵，終日鬱鬱寡歡，喜怒無常，袁世凱自認有愧於她，也就隨著她，對她的待遇比其他幾位姨太太要特殊一些。

大院君攝政

閔妃在袁世凱的幫助下控制了政權，那麼她到底是如何成為王后，又是如何與大院君開始權力角逐的呢？

閔妃是高宗的王妃，大院君是高宗的生父。閔妃的生存年代，弄權經歷及歷史地位酷似我國清末的慈禧太后。而大院君與中國清末恭親王奕訢在許多方面有著相當多的近似處，但在對外部世界的認識方面，大院君與奕訢二人卻大相徑庭。奕訢是以經辦洋務著稱，而大院君卻以閉關鎖國而聞名。

閔妃降生時，自一三九二年建立的李朝已有國四百六十年，盡顯末世景象。此時西教開始傳入，在李朝占統治地位的程朱理學受到衝擊，新舊思想展開了激烈鬥爭。而且，此時的李朝同我國清末愛新覺羅氏一樣，王室虛弱到連兒子也生不出的地步，在長達五十年間，王宮中未聞嬰兒啼哭聲。這種情況被王族出身的李罡應（即大院君）看在眼裡，他心中難免暗暗盤算。

我們再來看看男主角大院君的真實情況。李罡應天分很高，但年輕時名聲不佳。在他青年時代，為在王室勢力傾軋中求得自保，他故意裝作胸無大志，浪蕩不羈的樣子，整日「竹杖芒鞋」，與市井無賴交相冶遊。一八六三年哲宗國王去世，無嗣，儲位出空。李罡應立即顯示其非凡本色。他暗中結交各派勢力，頻頻展開「公關」活動，終於使其子——十二歲的李熙入承大統，他就是朝鮮王朝第二十六代王高宗。於是，李罡應自然而然地入朝攝政。按制，以旁系入承大統的國王之生父得號大院君，因此前他已有興宣君名號，故歷史上稱之為興宣大院君。

大院君執政後立即使出強烈手段。他改組政府，消除控制政權的戚族勢力，打擊黨爭，加強王權。由於當時西方殖民勢力已進入東亞，中國、日本先後被迫開國，面對此複雜局面，他採取了一個封建專制主義者所必然採取的傳統對策：閉關鎖國。對叩門的西方勢力他一律視為「洋擾」，堅決打擊，對經「明治維新」開始對外擴張的日本，他視之為「洋倭同類」。

大院君這種強硬的對內對外政策使他的政治對手們開始勾結起來。這其中最為棘手的便是閔妃集團。

閔妃進宮

一八六六年，高宗即位已三年，他雖然仍是一個童稚未脫的十五歲少年，但在王室看來卻已到大婚的年齡。執政的大院君根據多年來外戚專政的教訓，提出王妃候選人的苛刻條件，即其本家須人丁蕭條，無外戚專政之慮，候選人本身要溫順賢淑，無干預政務之心。這樣一來，眾多的豪門閨秀便被劃到了圈外，因為豪門望族哪家男人不是三妻四妾，兒孫滿堂？

尋來覓去，他的視線盯住了妻家遠支的一個孤女。這位姑娘年方二八，是大院君的閔氏夫人遠支族人閔致祿的女兒。閔家原本是望族，但此時已經沒落。一八五一年農曆九月廿五日，閔致祿在四面透風的草房裡得一女，這是他的獨生女兒。女兒八歲時，閔致祿在貧寒中撒手人寰。窮人的孩子早當家，孤苦零丁的閔氏女為生活所迫，很小年紀便到京城幾家親戚家走動求助，自然對世態炎涼有著刻骨銘心的體會。這種處境造就了她機巧多思，從容處事的本領。這多少有點像大院君，也可能就是她進入大院君視野後立即被選中的原因。然而，其中也隱伏著二人難以相容的宿命結局。

一八六六年三月，朝鮮國王大婚，閔氏女正式成為王妃，這年她十六歲，高宗十五歲。

王后奪權

入宮最初三年，閔妃嚴守國母儀制，克盡為媳孝道，很得翁婆滿意。但令她不安的是，她的小丈夫對她有點敬而遠之，而對另一個女人李尚宮卻顯示出情竇初開的少男熱情。於是，妻妾爭寵的好戲開始了。帝王家的後宮爭寵總是彌漫著血腥味。

在當時的朝鮮王宮，圍繞在國王身邊的，有機會得到寵幸的女人，除去其正職妻子王妃外，還有名目繁多的副職、副副職，色彩繽紛一大片。這些女人在名份上不能與王妃爭位，但只要得到國王喜歡，便可以晉級。如果肚子爭氣，能產龍子，而更幸運的是她兒子被選為王位接班人冊封為世子，那麼母以子貴，有朝一日她可能會成為後宮大腕——王大妃。

閔妃內心產生了隱隱的危機感。但她從小練就的遇事泰然自若的功夫使她從來不把內心的憂慮和忌恨掛在臉上。她埋頭讀書，排遣內心的鬱悶，她將《春秋左傳》及其他一些帝王治世經典讀得爛熟於心，為日後弄權御國打下了基礎。

閔妃埋頭讀書，國王和李尚宮一對青春男女打得火熱，不久便有了享樂的結晶：李氏得子。這是一八六八年四月的事。

高宗國王高興得手舞足蹈，其父大院君更是滿臉喜色溢於言表。因為長孫出世，在大院君看來，這是王族血脈複旺，國祚延綿的顯示。於是，在一片歡呼聲中，這個嬰兒被賜號完和君，未來的東宮世子即此嬰無疑。

這對閔妃是一個沉重打擊。熟讀本朝故事的閔妃，每每想起那些成為宮廷陰謀的犧牲品的女人，就不禁驚出一身冷汗。要想把握住自己的命運，自己手中就要有決定命運的權力。而此時大權在握，一言九鼎的大院君因得庶孫而歡喜若狂的情景在刺激著閔妃，她暗下決心，為了自己的未來，為了懦弱丈夫的王位，她一定要奪權。為此她開始悄悄地行動了。

她組織自己的人馬，不動聲色地把閔氏子弟安插到政府各個部門，再拉籠大院君的親舊部下，又結交清議尋找「槍手」。當時儒林中不乏對大院君鐵腕統治不滿的人，如名震一方的巨儒崔益鉉等，就經常縱論大院君之失。閔妃立即指使親族前往聯絡。

這樣，一度被大院君視為後宮小女子的閔妃，就在他毫無察覺的情況下組織起了一支強大的反對派勢力。

一八七一年閔妃終於得子，她興奮異常，認為這下可有以嫡奪庶、清除頭上陰影的機會了。誰知此嬰兒一連數日大便不暢，大院君進山參醫治，服藥三天後竟然夭折，這使閔妃的期望頓時化作了清煙。她痛不欲生，更加堅定地認為這是大院君有意所為，遂暗中切齒。

此時朝鮮王朝正經歷著空前的內憂外患。北方天災，邊民外逃；美國武裝商船入侵被民燒毀，揚言報復，派艦來攻；德國人潛入朝鮮企圖盜掘大院君父南延君墓未果；民間有人煽動造反；國家糧倉失火，損失慘重。更為危險的是，日本明治維新後向外擴張，「征韓論」甚囂塵上。

閔妃認為條件成熟了，開始出擊。她首先離間國王父子關係，說服二十歲的高宗臨朝親政，然後鼓動言官臣僚上疏彈劾大院君，在朝野掀起一股強勁的倒大院君風潮。

大院君被這突如其來的波濤打得不知所措，一時難以找到說得過去的理由阻止業已成年的國王親政，遂被迫隱退雲峴宮私邸。這樣，大院君苦心經營了十年的政權，竟突然被尚是小女子的兒媳顛覆了。是年一八七三年，閔妃二十三歲。

丁夫人為何令曹操抱憾終生

招福

以曹操之威，十個男人有九個要心生畏懼，可世上偏偏就出了一個丁夫人，敢把這個男人不放在眼裡。直到曹操臨終的時候，還對丁夫人牽掛懷念，難以釋懷。這究竟是怎麼回事呢？

曹操是個英雄，也是個不折不扣的浪蕩子——少年時他最大的人生樂趣，就是擠在人群前頭，看別人的新娘子。到後來他自己長大成人，就更是過不了美人關，姬妾眾多。他眾多的姬妾一共為他生下了二十五個兒子以及更多的女兒。

然而，曹操的嫡妻丁夫人卻一直沒有生育，反倒是他的長妾劉夫人為他生下了長子曹昂與長女清河公主，還有曹鑠。

還在兒女幼小的時候，劉夫人便英年早逝，臨終的時候，她把自己的兒女都託付給了丁夫人，請求正室能夠收養自己的孩子。丁夫人答應了劉姬的請求，更從此將三個兒女視若己出、親自撫養長大。尤其在長子曹昂身上，更傾注了她幾乎全部的心血和希望。曹昂也沒有辜負嫡母的期望，不但孝順，而且清秀儒雅，文武雙全，十九歲便被舉為孝廉，並成為聲名遠揚的少年將領。

曹操的妻妾，出身千奇百怪，丁夫人出自平民良家，卞夫人出自倡家，還有一位尹夫人更絕，原來是東漢末代何太后的侄媳婦——自從丈夫死在董卓之亂以後，尹氏便帶著幼子何宴生活，雖然已為人母，尹氏的美貌仍令曹操著迷，很快便變著法子將她納為妾室。曹操本想將隨母進入曹家的何宴收為養子，但是何宴年紀雖小，卻認為自己的「何」姓身分高於「曹」姓，堅決不肯改姓。

曹操愛屋及烏，不與小孩兒計較。何宴長大後，以相貌俊美、風致怡人聞名，人稱「傅粉何郎」。曹操大概是覺得肥水不能流外人田，便把自己的女兒金鄉公主嫁了給他。於是尹氏不但成了金鄉公主的庶母，更成了金鄉公主的婆婆。

作為出身良家的嫡妻，不用說，丁夫人對丈夫的貪花好色十分不滿，加上她性格倔強剛烈，夫妻間便不免時有彆扭。但是恐怕丁夫人怎麼都沒有想到，丈夫不但是吃著碗裡看著鍋裡，還要去別人桌上夾一筷子。

建安二年（197年）初，曹操率軍討伐南陽張繡。張繡不敵投降。本來這是一件好事，沒想到曹操一見張繡寡居的嬸母姿色出眾，便忘乎所以，立即把她據為己有。張繡被迫投降，本來就心有不甘，如今曹操居然要做自己的便宜大伯，他更是憤恨之極，率舊部夜襲中軍大營。

曹軍被打了個措手不及，一直被趕到舞陰（河南泌陽）。在混戰中，曹操身負箭傷，而他的長子、丁夫人的心頭肉曹昂，更被亂兵射殺。據說，曹操之所以能夠死裡逃生，全虧了他的坐騎「絕影」神駿，而「絕影」正是曹昂讓給父親的。

消息傳來，丁夫人痛不欲生。當她弄明白張繡反叛的原因之後，更在哀傷之餘，恨透了曹操：這個老不羞，全不知為父之責，年輕的兒子尚且在軍中獨居，死老頭卻自顧自地尋開心，還因此把兒子給害死了。

第二年，曹操再次圍攻張繡，並且再次獲勝。在官渡之戰前夕，張繡再次率部投降，曹操正是聚積兵力準備與袁紹決戰的關鍵時候，聞訊大喜，對張繡既往不咎，封為揚武將軍。

丁夫人可不管什麼大戰不大戰，她聽說曹操居然寬恕張繡並納張家女人為妾，簡直新仇舊恨一起湧上心頭，對這個老「登徒子」痛恨到了極點，哭罵道：「你害死了我的兒子，居然對他連一點思念追悔之意都沒有！」

從此後，無論曹操怎麼辯解怎麼獻殷勤，丁夫人都沒有好臉色給他，當面痛罵，背後痛哭，弄得曹操左右不是人，在姬妾兒女奴婢面前顏面掃地。

曹操雖然對丁夫人和曹昂心懷愧疚，但是終於也忍耐不住，下令將丁夫人送回娘家。他原以為丁夫人在曹府過慣了錦衣玉食的生活，返回娘家必然難耐清貧，很快就會回心轉意。可是沒料到丁夫人卻泰然自若地在娘家紡紗織布，對曹操屢次派去的使者連看都不屑看一眼。

這時的曹操已是睥睨天下，堂堂曹府裡居然沒有正室夫人，令人議論紛紛。

一段時間以後，曹操終於先忍不住了，親自帶著侍從人馬，去丁家迎接妻子。丁家人聽說闊女婿來了，簡直如雷轟頂，連忙讓丁夫人出來迎接丈夫。誰知丁夫人恍如未聞，自顧自織布如故。曹操不見妻子出迎，只得自己走到織室去找她，撫著她的背請求：「你就不能回頭看看我，與我同車返回王宮嗎？」

丁夫人既不回頭，更不答話。曹操等候良久，只得退出織室。侍從請曹操上馬，曹操卻猶豫著再次走到織室的窗外，再次請求妻子回心轉意：「真的再也不肯原諒我了嗎？」丁夫人仍然置若罔聞，手裡的梭子一線不錯地照織不誤。曹操只得長嘆一聲：「看來真是下了決心與我分手了。」終於狠下心離開了丁家。

回到魏王宮，曹操派人傳話，既然自己已經無法挽回丁夫人之心，也不想耽誤丁夫人了，任憑她改嫁他人。丁夫人不把曹操當一回事，丁家的父兄可學不了她，他們怕曹操得很，唯恐曹操哪天改變主意找自己的麻煩。丁夫人此後也就一直沒能改嫁得了。

後來曹操也一直沒有忘記丁夫人，屢屢借卞夫人（曹丕的母親，曹操妾，後來成為魏王后）的名義邀請丁夫人返回王宮赴宴。卞夫人知道丈夫的心思，總是把與丈夫並排的嫡妻座位留給丁夫人，自己退居妾位。丁夫人在做嫡妻的時候，並沒有給過卞夫人什麼好臉色，卞夫人能夠這樣厚待，頗令丁夫人有些過意不去，說：「我已經是離異之人，夫人何必如此呢？」

不過，丁夫人的客氣話只對卞夫人說，對旁邊眼巴巴看著自己的曹操，她卻一如既往地面無表情。幾年後，丁夫人在娘家靜靜地去世了。曹操對丁夫人的去世非常痛心，感慨自己再無贖罪機會。卞夫人體察丈夫的內心，主動提出由自己操辦丁夫人的喪事。曹操點頭應允，並親自為她選擇了墓地，將她安葬在許昌城南。

若干年後，曹操自己也走到了人生的盡頭，臨終的時候，他仍然對丁夫人離異之事難以釋懷，嘆息道：「我這一生最放不下的人就是丁夫人，對她始終未曾當真負心，可是做錯了事卻難以挽回以致決裂。假如人死後當真有靈魂，我在陰世裡遇到昂兒，如果他問我：『我的母親在哪裡？』我該如何回答呢？」

曹操為什麼一生不敢稱帝

李國文

曹操是中國歷史上頗受爭議的一個人物，他的一生戎馬倥傯、刀光劍影，歷經無數次的征戰殺伐，最終達到了權力的頂峰。然而，有一個問題始終困擾著世人：此時的曹操，可以說離皇位只有一步之遙，他可以輕鬆地廢掉小皇帝並取而代之，可是為什麼在二十五年的時間裡，直到去世，曹操始終沒有跨越這一步呢？

曹操一生未稱帝，死前不久，孫權因為奪荊州、殺關羽，與蜀漢交惡，不得不向曹操示好。遣使上書，建議他「早正大位」，曹操說：「是兒欲使吾居爐火上耶！」這句話在史書上大書特書，用以說明曹操一生不敢染指皇帝二字的心態。

有心稱帝，但時機未到

其實，曹操不是不想當皇帝，只是前車之鑒，使他不敢登上皇位罷了。

漢獻帝劉協這一生，過得十分窩囊，先是董卓擅權，後是曹操當國，他只是一個傀儡，見到董卓也好，見到曹操也好，都如芒刺在背，戰慄不安的。但話說回來，若無董卓，他當不上皇帝，若無曹操，說不定他早已被那幾個兵匪頭子李傕、郭汜之流結束了性命。可是，江山坐穩了，大權旁落，他不甘心做一個符號式的統治者，成為曹操手下的一個高級俘虜。於是，便要搞復辟了。這也是歷史上所有失去皇位和虛有皇位的人，忍不住要嘗試的一種危險遊戲。

最高權力，也是最高的欲望和誘惑，對漢獻帝來說，當然想完整地得到它，而舊政權的維護者，前如受衣帶詔的董承、王子服，和伏完、穆順之輩，後如許都暴亂的耿紀、韋晃之流，他們甚至要比劉協更熱衷於推翻曹操的統治。因為皇帝作為一個高級俘虜，尚可得到優禮有加的待遇，而等而下之的舊政權的既得利益者，則是明日黃花，自然連做夢也想恢復失去的王國，因而這些失去得更多的臣下，復辟之心甚於帝王是不言而喻的。

所以，擁有最高權力，卻又不是九五之尊的曹操，對於任何覬覦這份至高無上權力的人，總是格殺勿論，瘋狂鎮壓的。正因為他自已無法得到這份崇尊之位，別人若想得到，他一定是要與之拚命的。

因此，他的內心是充滿了矛盾的。正如他給行軍時擬的口令「雞肋」一樣，吃，吃不下去；吐，又吐不出來。他一方面把自己的女兒曹節下嫁給漢獻帝，除了政治上的籠絡外，不能說曹操對於這個儘管是符號的皇帝，未必敢太不恭敬。但另一方面，又根本不每日朝見，履行一個臣子的義務。

一方面，他不斷地在詩文中表露自己，如在「山不厭高，海不厭深。周公吐哺，天下歸心」中，雖是對於周公的褒揚，實際也是在自況；如在「周西伯昌，懷此聖德。三分天下，而有其二。修奉貢獻，臣節不墜」中，對於西伯始終以臣事殷的讚美，其實也是在自我表揚。另一方面，卻又根本不把比自己小二十六歲的獻帝放在眼裡，動不動跑去發一通脾氣。嚇得劉協戰戰兢兢，向他懇求：「君若能相輔，則厚；不爾，幸垂恩相舍。」那意思說，你高抬貴手，放我一條生路得了。

儘管漢獻帝拱手要把這個皇帝位置讓給他，恨不能請他曹操馬上履位，但曹操始終不稱帝，只為王，這是他誅黃巾起兵以來數十年的既定方針。後來人稱他為奸雄，曹操一生，最奸之舉，莫過於不奪帝位，而擁帝權，既撈取名聲，又得到實惠了。

他在《讓縣自明本志令》裡說得很透徹：「身為宰相，人臣之貴已極，意望已過矣。今孤言此，若為自大，欲人言盡，故無諱耳。設使國家無有孤，不知當幾人稱帝，幾人稱王。」所以，他不當，誰也別妄想。

董卓的前車之鑒

如果他要當皇帝的話，從山東進軍洛陽時就可以把獻帝廢了。曹操一輩子不敢行此事，就是因為有董卓的例子在。他知道，在漢末天下大亂，群雄蜂起的時候，挾天子以令諸侯，要比他稱帝討伐，更加名正言順，得天應人些。他若廢帝自立，第一，諸侯會聯合起來反對他；第二，即使能用武力逐個消滅地方割據勢力，他也無法使整個士族階層服貼。這就是他所比喻的爐火，也是他作為一個政治家的高謀遠略。一旦他登上帝位，這些人馬上會成為他的對立面。儘管他殺掉了這個階層的許多頭面人物，如孔融，崔琰，但整個階層，他是不敢小視的。其實，他未必不想過一過皇帝癮，可是一看手下的首席謀士，最忠心耿耿的荀彧、荀攸叔侄，連他稱王都持反對態度，他只好抑制這個欲望，因此，誰要是碰他這個痛處，絕對是嚴懲不貸的。

通常，人到了晚年，慢慢地失去自我感覺，便要糊塗昏聵，貪大樹功，倒行逆施，這是一點也不奇怪的事。但是，孫權拍曹操馬屁，要他即位承大統，他一笑拒之。一直保持清醒到最後一刻，這確實是不容易的。

但到了他兒子曹丕手裡，新的一代人，對於漢王朝往日的威儀，已不放在眼裡，只是死狗一條。與其輔主為臣，不如篡漢自立。在諸侯大部順服，士族基本歸心的客觀情勢下，舊的君臣框架，已成形式，漢祚的延續，已根本毫無意義，所以取而代之，也是歷史的必然。

若不是曹操數十年的營造，徹底改變了原有的士族階層，由仕漢的大多數，蛻變為仕魏的大多數，曹丕是無法坐上皇帝之位，而圓了他父親一生未完之夢的。

因此，那些攫取權力的人，若是欲望超過了罔顧現實狀況的程度，冷靜下來，有曹操的一份清醒，也許不至於碰壁。

中國第一美人西施與范蠡的情愛秘史

朱大可

早在春秋時代的《莊子》一書中，就有了關於美女西施的記載，而平常被我們稱為四大美女之一的戰國時代的西施又是誰？她是怎樣一步步走向四大美女行列的呢？

春秋時期吳越爭霸戰的關鍵人物西施，作為來自越國的一件美麗而輕盈的禮物，被國際外交陰謀和間諜站推到了前臺。她看起來像是個純潔無邪的間諜，手中沒有沾染敵人的鮮血，同時又極其出色地完成了使命。在民間傳說中，西施後來與情人范蠡一同歸隱，泛舟五湖。

這樣的美好結局是不是大眾一廂情願的想像呢？

西施一號和西施二號

與楊貴妃、王昭君、貂嬋並列為中國古代四大美女的西施，早在先秦就已經聲名昭著。管子、莊子、墨子、孟子和韓非子等思想家，都在其著述中多次提及這個非凡的尤物，對她的美貌讚不絕口，可見她不是個虛構的人物。

但西施與吳越爭霸戰爭的關係，實在是疑竇叢生，充滿了玄機。管子（管仲）活動的時代（？～前645年），比勾踐滅吳（前473年）還早了近兩百年，卻已知道西施的存在，豈不是一件怪事？他在《管子》裡評價說，「毛嬙、西施，天下之美人也。」這一跨越時空的古怪現象，在邏輯上只有一個解釋，那就是存在著兩個截然不同的西施：西施一號出現在管子年代甚至更早，而西施二號則出現在兩百年後的越國。

春秋時代的西施一號，在莊周那裡有一些片斷性敘述。其中最有名的當推「東施效顰」的故事，它描述西施有心口疼的毛病，時常以手捧心，面帶憂戚，反而顯得更加美豔動人，到了「沉魚落雁」的地步。另一個叫做「東施」的女人，非但長相醜陋，而且萬分愚蠢，誤以為那是扮靚的妙法，也扮出心口疼的樣子，結果變得愈發醜陋，成為鄉民的笑柄（《莊子‧天運》）。但關於西施一號的身世，先秦的史學家卻未作任何深入的記載。

戰國時代西施二號的身世，更是撲朔迷離。《吳越春秋》記載說，為了向吳王夫差進行「性賄賂」，越王勾踐派使者在本國遍訪美人，最後在諸暨苧蘿山找到兩個賣柴的女人，天生麗質，貌若仙女。這個使者就是范蠡，他用前代著名美人「西施」的名字去重新命名他所遇到的鄉間美女，藉此完成了政治包裝的第一步。從此，賣柴女悄然死去，而一個嶄新的西施經過范蠡的「複製」，「重生」於吳越江湖，並且註定要成為滅絕吳國的美豔殺手。

儘管諸暨村姑竊取了前朝美女「西施」的名號，但她賣柴的形象仍然過於粗鄙。唐宋以來，世人多傾向於想像她是一名浣紗女，即從事織物洗滌的女工。王維的《西施詠》向我們表明了唐代知識界的立場：「當時浣紗伴，莫得同車歸。持謝鄰家子，效顰安可希。」明代梁辰魚的《浣紗記》也支持這種敘事，它敘述西施二號本為浣紗女，和范蠡在溪邊邂逅，眉黛含春，梨花帶雨，范蠡一見鍾情，不能自拔。此後越國危急，范蠡出於愛國大義，將西施進獻給吳王夫差。浣紗不僅是一種美女的柔軟職業，而且也是西施和范蠡定情的信物。溪水和麗紗構成了美女「誕生」的優雅場景，其間清晰地浮現著西施的倩影。但西施和范蠡的關係，卻始終是曖昧不清的懸謎。

西施與范蠡的隱秘愛情

當年吳國大兵侵入，即將滅絕越國時，越王勾踐感到深深的絕望，他本打算殺死妻子，焚毀財寶，然後用兵器自殺成仁。據官方的《史記．越王勾踐世家》記載，大夫文種勸阻了他的自毀之舉，並且勸告說：「吳國的太宰伯嚭貪婪成性，不妨誘之以利。」勾踐看見一線政治生機，便備下美女和大量珍寶，派文種帶去交結伯嚭，結果吳王在伯嚭的勸說下收兵回國，給了越國休養生息、捲土重來的契機。司馬遷的著述雖然提到了美女，卻無姓無名，跟范蠡和夫差也沒有直接關聯。《越絕書》沿襲《史記》的說法，也認為獻美是文種所為，但卻明確指出了被獻者的姓名：「越乃飾美女西施、鄭旦，使大夫文種獻之於吳王。」

而東漢民間史學家趙曄的《吳越春秋》，其觀點則與此截然不同。它暗示越國的相國范蠡才是該事件的主謀。他下令讓兩位村姑穿上羅緞錦衣，學習優雅步態和歌舞技巧，以期把她們改造成合乎宮廷禮儀的貴婦。但它也刻意疏漏了一個重大細節：在此期間曾經發生過一段危險的插曲，那就是主持女諜訓練的范蠡本人，不僅偷偷愛上西施二號，而且違反朝綱，擅自與之私通，兩人雙雙墜入情網，差點釀成驚天大禍。

范蠡先是在「土城」和「都巷」兩處宮台開設訓練課程，對西施二號和鄭旦進行「素質教育」，繼而奉命把她們送往吳國。為了延宕日期，范蠡藉口要對她們作進一步培訓，大膽放慢了行程。據說從會稽到蘇州，短短兩三百里的路途，美女護送隊竟然走了整整三年，卻始終沒有到達目的地。《漢唐地理書鈔》所輯《吳地記》甚至揭露說，他們在路上還生了個兒子，到達現今嘉興南部一百里處時，這個嬰兒剛滿周歲，能夠開口說話，於是路邊的亭子被當地民眾叫做「語兒亭」，以見證這個秘密愛情的結晶。

范蠡與西施二號的私情無疑是在極度機密的情況下展開的。一旦走漏風聲，他們將同時面臨來自吳越兩個方面的殺身之禍。在這段長達三年的浪漫時光裡，范蠡的焦慮想必與日俱增。他必須承受一個無法規避的事實——把心愛的女人獻給仇敵夫差。他在最後期限的逼近中感到了絞索的抽緊。他的無奈和愁苦隱藏在歷史的深處，仿佛在為這場雪恥復國的遊戲增加價值籌碼。

但范蠡和西施的愛情終於走到了盡頭。三年之後，在吳國的都城，范蠡隱忍著巨大的痛楚，心如刀割、面帶微笑地把西施二號和鄭旦一起交給夫差，美人西施心中也一樣充滿了生離死別的哀傷。她是一件美麗而輕盈的禮物，被國際外交陰謀和間諜戰推到了前臺。她的悲慘命運，從與范蠡相遇的那刻就已經註定。

情欲政治學的傑作

夫差不顧伍子胥的警告和反對，狂喜地接受了這兩個來自越國的尤物，並且發出了心滿意足的讚揚：越國進獻這樣的美女，是勾踐對吳國盡忠的表現（《吳越春秋．勾踐陰謀外傳》）。他開始盡其可能地寵幸她們，表現出對女色的狂熱愛好。所有這一切都沒有出乎越國領導人的意料。

《史記》和《越絕書》都指出，離間計的主要執行者，實際上不是西施，而是吳國的大臣伯嚭。他在接受了勾踐的大量賄賂之後，轉而成為一個卑劣的內奸，開始施展渾身解數，力阻伍子胥的護國計謀，在每一個環節上都與之相左，又挑唆夫差與伍子胥的關係，令他們君臣反目，直到伍子胥被夫差賜死為止。伍子胥的被逼自殺，是吳國轉向徹底敗落的標誌，並為勾踐的反擊奠定了堅實的基礎。在司馬遷看來，勾踐的「銀彈」政策，才是吳國消亡的主要原因。

而在「銀彈說」之外，「肉彈說」聲音似乎更為嘹亮，它促使我們對情欲政治學的歷史價值作出必要的判斷。「粉色肉彈」西施和鄭旦的偉大使命，就是千方百計離間吳王與伍子胥的關係，化解夫差對越國的警惕，並以性愛消磨他的體力與戰爭意志。《吳越春秋》稱，文種當年向越王進獻破吳九術，第四條就是派遣美女「以惑其心而亂其謀」。西施二號和鄭旦進入吳國的宮殿，「性賄賂」就開始逐步產生功效，觸發了吳國走向衰敗的先機。這是中國情欲政治學的一個古代範例，它表明，早在春秋戰國時期，性已經成為政治陰謀的重要環節。

但奇怪的是，勾踐沒有命令他的女諜使用毒藥之類的謀殺手段。這是另一個令人費解的疑點。直到夫差生命的最後一刻，西施都沒有向他下手。她看起來像是個純潔無邪的間諜，手中沒有沾染敵人的鮮血，同時又極其出色地完成使命，幫助勾踐把夫差送進了地獄。

《史記》進一步描述勾踐按文種之計，大量收購吳國糧食，使之糧庫空虛，又贈送鑲嵌黃金白玉的欄杆，攛掇夫差打造豪華宮殿，消耗吳國人力物力，如此等等。夫差果然中計，大興土木，修葺姑蘇台行宮供西施和鄭旦居住。《越絕書》稱，那座豪華的「情欲之殿」，需花費三年收集建材，又費五年時間加以打造，僅高度就達到兩百里（疑為廣度之訛）。落成典禮之後，夫差便長期在那裡耽留，日夜沉湎女色，置朝政於不顧，吳國就此變得日益衰微。肉彈策略獲得了出乎意料的奇效。

西施的生死之謎

吳國被滅絕之後，西施二號重新回到范蠡身邊，兩人一起泛舟五湖而去。這個以喜劇告終的傳說，比較符合中國民眾的心願，因此成為蔓延最廣的傳說，漂浮在優美的歷史風景之中。

西施的真切下落，應當與范蠡有密切關係。反觀他的蹤跡，倒是相當清晰，沒有多少可懷疑的地方。《史記．越王勾踐世家》記載，范蠡認為勾踐的為人，是可與之同赴患難，卻無法共用安樂。因此他向勾踐辭職，在遭拒之後他收拾細軟悄然逃走，乘舟浮海前往齊國領地，同時更改姓名，自稱「鴟夷子皮」，在齊國海邊開墾耕地，艱苦創業，父子倆治下大宗產業，沒有多少時間，就積貯了數十萬銀兩。接著，他又拒絕齊國人的高官厚祿，散盡家財，隨身攜帶少量珍稀寶物，悠閒自在地離去，在一個叫做「陶」的地方定居下來，自號「陶朱公」，過上了閑雲野鶴的生活。但司馬遷的敘述，隻字未提包括西施在內的任何女人。人們只能假定西施就隱藏在他身後，成了他的空氣和呼吸。

勾踐後悔未能及時下手，放走了相國范蠡，便立即下令捕殺大夫文種，以免夜長夢多，由此徹底剪除了越國的兩大功臣。而另一方面，他又在遠郊封了一塊名叫「苦竹城」的狹長土地，賜給流亡者范蠡的兒子，藉此向世人擺出「公正無私」的姿態。勾踐的偽善和心機，遠在吳王夫差之上。

然而，隨著疑古風氣的蔓延，「西施被殺說」近年來變得甚囂塵上。一些學者援引《吳越春秋》的記載「吳亡後，越浮西施於江，令隨鴟夷以終」，來證明西施的悲劇下場。這裡的「鴟夷」，指的是一種皮革製成的袋子，整句話的意思是，吳國滅亡後，越王把西施投入江裡，讓她隨著裝她的皮囊一起漂浮著消失。西施在吳亡後被自己的祖國所殺，乃是民間史學家的基本判斷。

西施二號被殺害的情形，與伍子胥之死有著驚人的相似。《吳越春秋．夫差內傳》記載說，吳王夫差賜死伍子胥之後，又「取子胥屍，盛以鴟夷之器，投之於江中。」所以民間給伍子胥起了一個「鴟夷子」的別名，藉此暗示他的悲劇性歸宿。

我們不知道范蠡此時所持的立場。我們只能假定他滿腹隱衷而無法言說，無力為西施公開抗辯，更不敢動用權力展開營救，只好眼睜睜看著越國女英雄、自己的秘密情人慘遭殺害。有人認為范蠡之所以自號「鴟夷子皮」，乃是為了紀念壯烈蒙難的西施，的確是一種合乎情理的推斷，而「子皮」很可能就是西施二號的真正本名，「皮囊裡的子皮」這個名字，隱含著范蠡的無限傷痛和恨憾。在逃出勾踐的勢力範圍之後，他才有了公開悼念西施的凜然勇氣。

在西施被殺的鐵幕後面

儘管西施被殺已經成為世人的共識，但對殺她的原因，卻很少有人問津。而這才真正是本文需要探查的核心。

據《越絕書．越絕卷》第十二記載，早在范蠡進獻西施和鄭旦時，伍子胥就向吳王發出嚴厲警告，說萬萬不能接受這樣的禮物，這兩個女人就是危及社稷的妖女，與妹喜、妲己和褒姒一脈相承，必定會給國家帶來嚴重危害。而好色的夫差對此置若罔聞。

許多年後，越王反攻獲勝，在余杭山逮捕了吳王及其部屬，不無諷刺地當面數落夫差的三大過失，說他不該放越國一條生路，更不該殺害伍子胥，並聽信「讒諛之徒」的鬼話，說完便賜寶劍給夫差，逼迫其在十天後刎頸自裁。耐人尋味的是，爲了向世人表明自己憎恨一切「讒諛之徒」，勾踐下令殺掉了曾經爲他立下汗馬功勞的伯嚭。基於同樣的邏輯，我們可以這樣推斷，勾踐秉承伍子胥的觀點，認爲西施是亡國妖姬，所以儘管她功勳卓著，仍須堅決執行死刑，徹底終結其生命，以免越國步了吳國的後塵。

這無疑是殺害西施的最冠冕堂皇的理由。但勾踐之所以大開殺戒，還有一個更為隱秘的原因，那就是他可能已經得到范蠡與西施私通的情報，並且為此妒恨交集。西施之死是勾踐向其舊部的一次血腥挑釁：雖然你已經逃走，但我可以輕易地殺掉你的女人！

與西施同時代的墨子，為此在《墨子．親士》文集裡發出了深切的感慨：「西施之沈，其美也。」意思是說，西施之所以被淹死，只是因為她的美麗啊。墨子言猶未盡，在「美」的感嘆背後隱藏著某種深長的意味。是的，這個為國捐軀的美人，第一次捐出了美豔的情色，第二次捐出了美豔的生命。她是男權專制主義的最美麗的祭品。

作為一位罕見的情色烈士，西施二號生前是國家的工具和玩物，而後又被人以國家利益的名義處死，但死亡消解了一切道德難題。她在死後成了眾口皆碑的美人。她的容貌掩蓋了幕後的政治陰謀。在關於西施的敘事中，既沒有關於她的悲劇，也沒有關於她的喜劇。她的生命被世人抽空，成了一個純粹的符碼，高懸於中國大眾美學的潮流之上，仿佛是一面超越了所有意識形態的旗幟。

西施二號的戰友鄭旦，其下場或許更為可悲，除了一個似是而非的名字，沒有留下任何可資查詢的檔案。我們只知道她跟西施一起被發現、訓練和改造，並一起被送進姑蘇台，成為越王的間諜和吳王的寵妃。她一直低調地生活在西施的陰影裡，在這場波瀾起伏的政治戲劇中，她扮演了一個卑微的配角，用以襯托西施的悲壯與偉大。但她的結局卻可能跟西施完全一樣，儘管功勳卓著，卻無法擺脫死亡的命運。她在西施敘事裡的作用，應當跟小青在白蛇傳裡的作用相似，卻比小青更加微小和卑賤。

中國第一美人及其女伴的傳奇，就此落下了沉重的帷幕。

最奢華的沐浴：慈禧洗澡全過程

金易、沈義羚

中國是個講究沐浴的古國，沐浴歷史悠久，早在三千多年前，就有甲骨文記載的

「沐浴」內容。古代皇帝祭天拜祖、僧人誦經念佛之前，也要先沐浴，這是個定俗表示心潔崇敬。梁實秋在《雅舍菁華．洗澡》中亦記載：「我們中國人一向是把洗澡當作一件大事的。自古就有沐浴而朝，齋戒沐浴以祀上帝的說法。」由此可見，從古到今，洗澡其實都是一件大事。慈禧洗澡被視為最奢華的沐浴。慈禧洗澡有什麼樣的程序？又奢華到了何種程度？

且聽在儲秀宮裡當差，伺候慈禧的宮女榮兒（慈禧喚她「榮」）如怨如訴地傾吐：

時間

洗澡，「這也和時令有密切聯繫。天熱，洗得勤點，差不多夏天要天天洗，冬天隔兩三天洗一回，都是在晚上，宮裡白天沒有洗澡的。

「洗澡沒有固定的時間，隨時聽老太后的吩咐，一般大約在傳晚膳後一個多小時，在宮門上鎖以前。因為需要太監抬澡盆、擔水，連洗澡用的毛巾、香皂、爽身香水都由太監捧兩個托盤送來。太監把東西放下就走開，不許在寢宮逗留。司沐的四個宮女全都穿一樣的衣著，一樣的打扮，連辮根、辮穗全一樣。由掌事兒領著向上請跪安，這叫『告進』，算是當差開始。在老太后屋裡當差，不管幹多髒的活，頭上腳下要打扮得乾淨俐落，所以這四個宮女，也是新鞋新襪。太監把澡盆等送到廊子底下，托盤由宮女接過來，屋內鋪好油布，抬進澡盆注入溫水，然後請老太后寬衣。」

用具

「這裡須要說明兩件東西。一是老太后坐的洗澡用的矮椅子，一是銀澡盆。

「老太后坐的是一尺來高的矮椅子。這個椅子很特別，四條腿很粗壯，共有八條小龍附在腿子上，每條腿兩條龍，一條龍向下爬，一條龍向上爬。最奇特的是活動的椅子背，既能拿下來，又能向左或向右轉，即椅子背可以換位置。因為椅背上兩面都有插榫，像門上的插關一樣，把椅子背放入插榫裡，用開關一扣緊，就很牢靠了。椅子很寬，但不長，為了老太後坐著安全，兩邊站人又方便，這是專為給老太后洗澡用而設計製作的。我記不十分清楚了，仿佛椅子下面還有個橫托板，是為了放腳用的。

「另一樣東西是銀澡盆。老太后洗澡用兩個澡盆，是兩個木胎鑲銀的澡盆，並不十分大，直徑大約不到裁尺（清朝用的尺有兩種，一種是步尺，一種是裁尺，步尺大，裁尺小）的三尺，也是斗形的，和洗腳的盆差不多，也是用銀片剪裁，用銀鉚釘包鑲的，外形像個大腰子，為了使老太后靠近澡盆，中間凹進一塊。空盆抬著覺得很輕。由外表看兩個澡盆一模一樣，但盆底有暗記，熟練的宮女們用手一摸就能覺察得出來。要切記：一個是洗上身用的，一個是洗下身用的，不可混淆。

「最使人驚奇的是托盤裡整齊陳列的毛巾，規規矩矩疊起來，二十五條一疊，四疊整整一百條，像小山似的擺在那裡。每條都是用黃絲線繡的金龍，一疊是一種姿勢：有矯首的，有回頭望月的，有戲珠的，有噴水的。毛巾邊上是黃金線鎖的萬字不到頭的花邊，非常美麗精緻。再加上熨燙整齊，由紫紅色木托盤來襯托，特別華麗顯眼。

「老太后換上淺灰色的睡褲，自己解開上身的紐袢，坐在椅子上，等候四個侍女給洗上身。」

過程

「要明確地說句話：這是老太后用第一個銀澡盆洗上身，與其說是洗澡不如說是擦澡。

「四個宮女站在老太后的左右兩旁開始工作了。伺候老太后可不是件容易的事，要迅速、要準確、要從容，這必須有熟練的工夫。四個宮女分四面站開後，由一個宮女帶頭，另三個完全看帶頭宮女的眉眼行事。由帶頭的宮女取來半疊毛巾，浸在水裡，浸透了以後，先撈出四條來，雙手用力擰乾，分發給其他三個宮女，然後一齊打開毛巾，平鋪在手掌上輕輕地緩慢地給老太后擦胸、擦背、擦兩腋、擦雙臂。四個宮女各有各的部位，擦完再換毛巾，如此要換六七次。據說這樣擦最重要，把毛孔眼都擦張開，好讓身體輕鬆。

「光說屋裡不行，還有等候在寢室外面的宮女，這是幹粗活的，悄悄地靜候著屋裡的暗號。她們伺候的時間長了，也會估計時間了。聽到裡面輕輕地一拍，就進來四個人，低頭請過安後一句話也不說，先把使過的濕毛巾收拾乾淨，給澡盆換水添水，做活都輕巧俐落。

「第二步是擦香皂，多用宮裡御制的玫瑰香皂。把香皂塗滿了毛巾後，四個人一齊動起手來。總是撈起一條毛巾擰乾後塗香皂，擦完身體後扔下一條，再取再擦，手法又迅速又有次序。難得的是鴉雀無聲，四個人相互配合，全憑眼睛說話。最困難的是給老太后擦胸的宮女，要憋著氣工作，不能把氣吹向老太后的臉，這非有嚴格的訓練不可。

「第三步是擦淨身子。擦完香皂以後，四名宮女放下手裡的毛巾，又由托盤裡拿來新的一疊毛巾，浸在水裡，浸過三四分鐘以後撈出，擰得比較濕一些，輕輕地給老太后擦淨身上的香皂沫。這要仔細擦，如果擦不乾淨，留有香皂的餘沫在身上，待睡下覺以後，皮膚會發燥、發癢的，老太后就會大發脾氣。

「然後，用香水——夏天多用耐冬花露，秋冬則用玫瑰花露，需大量地用。用潔白的純絲綿約巴掌大小的塊，輕輕地在身上拍，拍得要均勻，要注意乳房下、骨頭縫、脊樑溝，這些地方容易積存香皂沫，將來也容易發癢。

「最後，四個宮女每人用一條乾毛巾，再把上身各部位輕拂一遍，然後取一件偏衫給太后穿在身上。這是純白綢子做的，只胸口繡一朵大紅花，沒領，短袖，上面鬆鬆的幾個紐袢，仿佛是起現在背心的作用。外面再罩上繡花的睡衣，上身的沐浴才算完了。

「應該特別說清楚的，澡盆裡的水要永遠保持乾淨，把毛巾浸透以後，撈出來就再也不許回盆裡蘸水了，毛巾是用完一條扔下一條，所以洗完上身需用五六十條毛巾，而水依然是乾乾淨淨的。澡盆裡的水是隨時舀出一些，又隨時添入一些熱的，來保持溫度，這是幹粗活宮女的差事。

「候在廊子下面，專聽消息的幹粗活的宮女，聽到裡面的暗號，魚貫地進來，先把洗上身的澡盆和用過的毛巾收拾乾淨，抬走，再重新抬進另外一隻浴盆來。冷眼看這只盆和方才抬出去的一模一樣，可老太后一眼就看得出來是洗下身的。洗下身的工具絕對不能用來洗上身。這是老太后的天經地義：上身是天，下身是地，地永遠不能蓋過天去；上身是清，下身是濁，清濁永遠也不能相混淆——我聽老太后這樣念道過，道理我也說不清楚。等洗下身浴盆抬進來的時候，老太后的下身已經赤裸了，坐在浴椅上等候著別人來伺候，大致和洗上身同樣的費事。等把腳擦完了以後，老太后換上軟胎、敞口、矮幫的逍遙履，這是用大紅緞子做的專為老太后燕居時穿的鞋。做法和以前做布襪子相似，雙層軟底對緝在一起，上邊蒙上一層薄膈臂，白綢子裡，外罩大紅緞子面，繡花，真像我們旗下姑娘出閣時，踩轎用的紅繡花鞋。因為老太后年事已高，為了使老太后宴居時又暖和又舒適又吉祥，所以做這種鞋。

「等老太后穿好鞋離開洗澡椅子以後，洗澡就算完畢。但我還要讚美幾句，油布上很少淋上水點，這不能不說宮女們工作小心謹慎和高超的技術了。」

浴後

「室裡只留下司浴的兩個宮女了，廊下也只留幹粗活的兩個人，其餘的道過『吉祥』後都退下去了。司浴的兩個宮女重新給老太后舀水洗臉、浸手。與其說是洗不如說是熨，老太后用很長的時間在額頭、兩頰熱敷。說這樣能把抬頭紋的痕跡熨開，七十歲的人了，臉上只略顯皺紋，身上的肉皮像年輕人似的白嫩，兩手非常細膩圓潤。這大概和她的駐顏術有關係。我不想說這些了，我再說說老太后浸指甲。

「老太后除了喜愛自己的頭髮以外，也特別喜愛自己的指甲。大概都看過老太后留下的影像（指美國女畫家卡爾所畫的像）吧，手指甲有多麼長！尤其是大拇指、無名指和小手指上的。養這樣長的指甲非常不容易，每天晚上臨睡前要洗、浸，有時要校正。冬天指甲脆，更要加意保護。

「司沐的宮女留下兩個，給太后洗完臉、浸完手和臂以後，就要為她刷洗和浸泡指甲了。用圓圓的比茶杯大一點的玉碗盛上熱水，挨著次序先把指甲泡軟，校正直了（因為長指甲易彎），不端正的地方用小銼銼端正，再用小刷子把指甲裡外刷一遍，然後用翎子管吸上指甲油塗抹均勻了，最後給戴上黃綾子做的指甲套。這些指甲套都是按照手指的粗細，指甲的長短精心做的，可以說都是藝術品。老太后自己有一個小盒，保存著一套專門修理指甲的工具：小刀、小剪、小銼、小刷子，還有長鉤針、翎子管、田螺盒式的指甲油瓶，一律白銀色，據說都是外國進貢的。指甲又分為片指甲和筒指甲，大拇指屬片指甲，修大拇指時要修成馬蜂肚子形，片大好看。無名指、小手指屬筒指甲，要修成半圓的筒子形。指甲講厚、硬、亮、韌，這是身體健壯的表現。就怕指甲變質，起黃斑，若有跡象就要用藥治了。老太后有專盛指甲的匣，對剪下的指甲非常珍惜。

「最讓人奇怪的是老太后的睡衣睡褲。睡衣的前後襟和兩肩到袖口都繡有極鮮豔的牡丹花。說句眼皮子淺的話，就是大家閨秀的嫁衣也沒有那樣漂亮。兩條褲腿由褲腰到褲腳繡的也滿是大紅花。我們旗人一般的穿戴，有三十丟紅、四十丟綠的說法。三十歲開外的人就不要穿大紅的了，四十歲開外的人就不要穿大綠的了，要給後輩兒媳婦、姑娘們留份兒。可老太后快七十歲的人了，睡覺還要穿大紅繡花睡衣，真不知道是什麼講究。睡覺躺在被窩裡還穿花衣服給誰看呀，又是個老寡婦。

「老太后是那樣愛美的人，而且年輕的時候又是色冠六宮，由頭上戴的、身上穿的、腳底下踩的，沒有一處不講究。旗人穿旗袍跟漢人穿裙子不一樣，腳是明顯地露在外面的。她的腳當然是底平趾斂了，現在老了，無須對腳進行控制了，所以晚上睡覺兩隻腳赤裸著，不再穿睡襪之類的東西。老太后日理萬機，不管有多複雜的大事，只要頭一沾枕頭，一會就酣然入睡，在門外值夜當差的人都能聽到老太后的鼾聲。

「我沒有伺候過老太后洗腳和洗澡。宮裡的事是不關己事不開口，好多的事都是憑眼睛看，靠耳朵聽得來的。從來也沒有人傳授過，所以全是一知半解。一開始我是小尼姑跟著大尼姑走，人家燒香我跟著燒香，人家拜佛我跟著拜佛。問一句為什麼，也許就問出毛病來，最輕是吃白眼挨申斥：『就怕把你當啞巴賣了！』『欠用火筷子把你舌頭擰下來！』何必自討沒趣討這樣的罵呢？後來當了侍寢，又當了掌事兒的，就不得不留心了。李蓮英時常向侍寢的宮女問老太后的貴體情況，有時太醫院的人也求老太監向姑娘們問老太后福體如何，這時我才知道宮女、太監、太醫院的人都互相通氣。李蓮英也借著這些關係向各處賣人情。我記得民國初年，有一家浴池向我問老太后洗澡用的藥方，我說，老太后洗腳確實用藥，而且經常變化；洗澡，我沒看見過用藥，因為老太后洗一次澡要用五六十條毛巾，用完的毛巾都是雪白雪白的，不變色，用過藥的毛巾則會變色。所以我的觀察是洗澡不用藥。但不久市面上御用的洗澡藥就出現了。我猜那是假的。

「老太后洗澡確實是分上下身，而且分得非常嚴格，這並不是為了講衛生，而是迷信。據說上身乾淨，下身髒，上身代表紅運，下身代表黑運，決不能讓黑運壓紅運。老太后是一輩子萬事亨通走紅運的，哪能讓黑運壓下去呢？這樣的事，老太后是確信不疑的！我們是底下人，不敢估量老太后的心，大概因為牡丹是秀冠群芳即花中之王吧，所以老太后才喜歡它，睡衣要穿繡著大紅牡丹的，至老不衰。老太后確有天下第一人的思想，使的用的東西，都要自己占天下的獨一份，她自認沒有人比她更高貴的了。」

老宮女這樣為我絮絮地談些往事，我聽了不禁低頭沉思，中國人硬把人的身體分為上下兩半截，大概是起源於宋代的理學家吧？根據所謂太極圖說，太極生兩儀，上浮者為天，下沉者為地，就把這種說法硬往人的身體上套，於是把人身分成兩半截，上身為天、下身為地，天尊地卑，因此，洗澡也要分上下身了。不過理學家們還不至於墮落到迷信的地步，他們自認為是仲尼之徒，還遵守著孔老夫子的「子不語怪、力、亂、神」的教導，對於神仙怪異的事，採取迴避不談的態度。但一旦傳到宮裡頭，這裡是等級思想、封建迷信集大成的地方，於是就成了老太后洗澡要嚴格區分上下身，不許黑運壓紅運的講究了。這種思想和這類的事，不一定起源於老太后，也許早已有之。然由老宮女說出來這些些微小事，也是值得深思的。

格格想和丈夫同房先要賄賂保姆

陳冬

清朝皇帝的女兒格格的地位與阿哥的地位不可同日而語，這是封建社會重男輕女思想的反映，皇室也不例外。翻開清宮醫案，披閱清代史書，可以發現這樣一個現象，清代的格格們極少有生兒育女者，並且十之有九得了相思病而死亡——因為她們總是見不到自己的丈夫——駙馬。

原來，格格們出生後，一般都由乳母餵乳照料，難得與生母見上一面，自出生至婚配，母女見面次數屈指可數。尤其甚者，每當格格出嫁，都由皇帝賜給專門府第，駙馬只能住在府第外舍，格格不召，駙馬不能與公主同床共枕。但格格召一次駙馬要費很大的周折，要花許多銀錢賄賂管家婆保姆，才能如願以償。如果格格不賄賂保姆，即使格格宣召，保姆必尋找藉口多方阻攔，甚至責以恥笑。

作為封建社會的青年女性，格格們本來懦弱、羞澀，哪敢為此據理力爭，只好聽任保姆擺佈。即使進宮拜見母親，格格們也羞於啟齒。由於長期不能與駙馬團聚，格格們生兒育女的機會甚少。自清初至道光二百年間，數以百計的格格的命運大抵如此，唯有道光的大格格與駙馬符珍衝破了保姆的藩籬，得到了夫妻團圓的權利。

據史書記載，道光帝的大格格剛婚配的時候，宣召駙馬符珍入宮同居，被保姆攔住，以致一年多時間大格格不能與駙馬相見。大格格只好隱忍不言。一天，大格格進宮拜見道光皇帝，含著淚水跪在父皇面前說：「父皇究竟將臣女嫁給哪個人了？」道光驚詫地問道：「難道符珍不是你的夫婿嗎？」大格格說：「符珍是什麼樣子，臣女已嫁給他一年了，還從未見過一面。」道光問道：「為何不能見面？」大格格回答說：「保姆不讓臣女與符珍見面。」道光氣憤地說：「豈有此理！你們夫妻間的事，保姆怎麼能管呢，你可以自己做主嘛！」大格格得了父皇的這句聖旨如獲至寶，回到府中立即將保姆訓斥一頓，遂自己做主隨時召見駙馬符珍。日後夫妻感情甚篤，先後生子女八人。此事有清以來獨此一樁，深受時人稱道和同情，皆稱大格格為女中豪傑。

唐朝小偷揭出的一樁驚天「婚外情」

越楚

時有聞某小偷光顧官員宅第盜得鉅款，東窗事發後便揭出一個貪官。真不知這類小偷是偷盜有罪呢，還是揭貪有功？諸如此類的趣事，在中國古代亦不鮮見。在大唐貞觀年間，甚至於還發生過一樁由小偷「偷」出的著名「婚外情」，一度令大唐朝野震驚萬分。

這樁「婚外情」的男女主角便是玄奘高足辯機和尚與李世民第十七女高陽公主。這樁公主與僧人間纏綿悱惻的「婚外情」，在《新唐書．諸帝公主》及《資治通鑒》中記載較詳盡：

會御史劾盜，得浮屠辯機金寶神枕，自言主所賜。初，浮屠廬主之封地，會主與遺愛獵，見而悅之，具帳其廬，與之亂，更以二女子從遺愛，私餉億計。至是，浮屠殊死，殺奴婢十餘（《新唐書．諸帝公主》）

會御史劾盜，得浮屠辯機寶枕，云主所賜。主與辯機私通，餉遺億計，更以二女子侍遺愛。太宗怒，腰斬辯機，殺奴婢十餘（《資治通鑒》第199卷）

二書所記大致相符，從中不難看出事件的基本梗概：

大唐貞觀末年，長安「捕快」抓獲一無名小偷，在繳獲的贓物中發現一隻鑲金飾銀的玉枕，識貨的一瞧即知是宮中珍物，便轉呈御史台審理。經一番審訊，小偷招供玉枕是自己潛入弘福寺某沙門房中盜得。這個沙門正是玄奘高足辯機和尚，偷盜案發時，辯機正在弘福寺翻譯玄奘從印度帶回的經書。御史台召辯機訊問，辯機不得不坦白是高陽公主所賞。公主將自己的玉枕贈予和尚，人們便猜出了事由的大概。

經過反復調查，很快就證實了這一猜想。高陽公主作為李世民「政治聯姻」的一枚棋子，被迫下嫁宰相房玄齡次子房遺愛。高陽並不喜歡一介武夫的房遺愛，在婚後不久的一次狩獵中，高陽偶遇辯機即一見鍾情，並在辯機的草庵中有了肌膚之親。而身為夫婿的房遺愛則甘願替他們守門，高陽亦投桃報李，轉贈自己的兩名侍女及無以計數的財物給丈夫，意思是咱倆各玩各的吧，誰也甭管誰！「高辯戀」先後持續八九年之久。

真相大白後，唐太宗李世民盛怒，下詔將辯機處以極刑——腰斬，並殺死知情不報的高陽奴婢十餘人，終結了這段多多少少讓後人感到值得同情的婚外戀情。

其實，按理辯機本不該被處以極刑。受李唐北方胡人血統的影響，唐朝本來是歷代性觀念相對開放的時期，李世民納弟媳為妃，李治封庶母武則天為自己的皇后，李隆基更是奪兒媳楊玉環為貴妃，太平公主則在丈夫眼鼻子底下公然包養男寵。那麼，李世民為何不能容忍高陽與辯機，並採取最嚴厲的手段懲治辯機呢？結論大抵離不開那「政治聯姻」，李世民必須犧牲高陽與辯機以撫慰重臣房玄齡父子。這正是高陽的悲哀與辯機的不幸。

辯機死後，極度傷心的高陽曾說：「辯機是我的真愛！」高陽從此仇恨李世民，「帝崩無哀容」（《新唐書．諸帝公主》），直至李世民駕崩時，她仍是面無一絲悲傷。也許是愛屋及烏，至唐高宗時，高陽公開納智勖等三個僧人為面首，後智勖慫恿高陽發動宮廷政變，高陽終被賜死。

潘玉良：從「雛妓」到蜚聲海外的女畫家

李夢然

潘玉良是誰？知道的人並不多，也許僅僅是從鞏俐主演的電影《畫魂》和李嘉欣主演的電視劇《畫魂》才對潘玉良有所瞭解。那麼真實的潘玉良到底是一個什麼樣的女子？她究竟有著怎樣的人生傳奇故事，為何在她去世很多年以後，她的畫作還依然受到人們的關注？

潘玉良（1895年～1977年），原名楊秀清，又名張玉良，後隨夫姓，改名潘玉良，江蘇鎮江人，生於揚州，中國著名女畫家、雕塑家。

從孤兒到雛妓到小妾到畫家，再到中國高等學府的教授——世界藝壇的著名藝術家，這都是潘玉良。她是民國初期一位叫人難以置信的奇女子。

影視劇裡的潘玉良都由傾城美女演繹，多是小橋流水或者水榭庭院一般的東方韻致。歷史上的潘玉良卻沒有這般想像的香豔，也全然不是水做的女子。她的人生究竟是怎樣的呢？

身世淒涼，性格倔強

從很多寫她的文字裡知道，她生於貧民家庭，當雛妓是因為她一歲時喪父，兩歲時死了姐姐，到了八歲時母親也不幸離世。失去了生存支柱，她被舅舅收養。在她十三歲那年，為償還賭債，舅舅把她賣給了蕪湖城裡的怡春院。在妓院四年之中，她因拒絕接客，曾逃跑、毀容、上吊數回，這命運直至在後來被一個叫潘贊化的男人逆轉。

除了在妓院學習過吹拉彈唱的技藝，學唱過京戲裡的老生，她沒有受過基本的文化教育。自幼淪落風塵，是糾纏了她一輩子的傷痛。

四年青樓女子的生活，卻並不讓她風情萬種，她甚至沒有一般女子的嬌媚可人。她後來的同班同學、老畫家劉葦（倪貽德夫人）說，有一次她們在杭州山上寫生，潘玉良到雷峰塔牆圈裡方便，這時一夥兒男同學過來了，劉葦喊潘玉良快出來。潘玉良蹲在裡面說：「誰怕他們！他們管得著我撒尿嗎？」在上海美專任教時，有人出言不遜，被她賞以耳光。看她的自畫像，和她留下來的照片大體是一致的：獅子鼻、厚嘴唇，平庸的相貌。

潘贊化，像山一樣的男人救了她

在她的傳奇中，有兩個男人不可忽略。這兩個男人對於潘玉良，一個像山，一個像水，這個像山一樣的男人就是潘贊化。不過，她卻不是因為千媚百態，或者花枝招展而進入潘贊化的視野。

不是愛風塵，似被前緣誤。

花落花開自有時，總賴東君主。
去也終須去，住也如何住？
若得山花插滿頭，莫問奴歸處。

這是一曲古調的《蔔運算元》，潘玉良在輕撥琵琶為蕪湖新上任的海關監督潘贊化彈唱的時候，才十七歲。她並不知道這個畢業於日本早稻田大學、追隨孫中山先生參加過辛亥革命的桐城才子，會像天意一樣在這一天改寫她的一生。此時她叫陳秀清，當地鄉紳富豪為了討好潘贊化，從怡春院選了她來弦歌助興。

潘贊化看著她，像看著淒怨悲涼的風在這弦歌中瀰漫，像憂傷的陽光慢慢地灑遍自己。這個長她十二歲、又有了妻兒的男人，用他可能的一切方式開始愛護她。一九一三年，由陳獨秀先生證婚，他們結成了夫妻。新婚之夜，玉良改姓潘，叫潘玉良。

因為自己的一刻一縷的感受和心情，為中國增添了一名世界性的藝術家，這無論是在最初的偶遇中，還是在後來他們一起或近或遠、或喧嘩或寧靜穿越的時光裡，都恐怕也是潘贊化先生所意外的。據記載，潘贊化本人在外形上端莊渾厚，是一個開明的知識份子，一個革命者，參加過蔡鍔將軍的護國軍，討伐袁世凱時任旅長。他還是陳獨秀先生的老友，主張男女平等。

潘贊化是一個正直的、有同情心的，並有能力去呵護女人的男人。也許，他早期對潘玉良的救助和支助，更可能是出於一種信仰和道義。但是，他為潘玉良所做的種種，就是放在幾十年過去了的今天，也是要讓人肅然敬佩的。

學成報國

陽光似乎在一夜之間照亮了潘玉良的生活。婚後不久，潘玉良隨丈夫告別了傷心之地，來到上海，安置了新居，開始了嶄新的生活，她像春暖花開時節的雛燕，迎著明媚的春光，要學著飛向天空。

潘贊化為她請了老師教她識字。陳獨秀當年發現了潘玉良的繪畫天賦，還慫恿潘贊化讓潘玉良出去學畫；鄰居洪野先生也發現了她的繪畫天賦，在給此時忙於商務在外地的潘贊化的信中欣喜地寫道：「……我高興地向您宣布，我已正式收閣下的夫人做我的學生，免費教授美術……她在美術的感覺上已顯示出驚人的敏銳和少有的接受能力。」

一九一八年，在丈夫和老師的鼓勵下，潘玉良報考了上海美術專科學校，面對眾多參加考試的考生，她從容不迫地揮動著畫筆，順利地完成了答卷。洪野老師告訴她，她的成績是最好的。可是在放榜的那一天，她找遍名單也沒見到自己的名字。原來是學校因為畫模特兒一事已經引起了一次風潮，不敢再接受一個出身青樓的女子了。最終，還是藝術選擇了她，校長劉海粟親自送來錄取通知書向她表示祝賀。

畢業後，潘贊化先生從上海把她送到法國繼續深造。一九二一年，潘玉良滿懷憧憬地踏出了求學歐洲的第一步。到法國後，先進入法國里昂中法大學學法語，兩個月後又考入里昂國立美術專科學校學習油畫。一九二三年，她考取巴黎國立美術學院，師從達昂·西蒙教授。這期間，她與徐悲鴻、邱代明同班，在巴黎的凱旋門，在波光粼粼的塞納河上留下了她的足跡和身影。兩年後，她的繪畫天賦得到羅馬國立美術學院繪畫系主任康洛馬蒂教授的賞識，直接升入該系三年級學習，成為該院的第一位中國女畫家。藝術之都羅馬，它以規模宏大的古代建築和豐富的藝術珍藏著稱於世界。在這裡，她成了高級學術權威鐘斯教授的免費學生。油畫專業畢業後，潘玉良又正式考入了鐘斯教授所授課的雕塑班。

一九二八年，潘玉良學成回國，相繼在上海美專西畫系、中央大學藝術系任教，與王濟遠、龐薰琴、徐悲鴻等名家共事。這期間，為了拓展自己的藝術視野，她在黃山、廬山、揚子江等地的峰巔峽谷寫生，風餐露宿。在從事美術教學和研究的同時她筆耕不輟，先後舉辦了五次個人畫展，並出版了《潘玉良油畫集》，受到廣泛好評，被譽為「中國西洋畫中第一流人物」。

客居巴黎遇知己

一九三七年，潘玉良再次去國離鄉重渡西洋，因為潘贊化的原配夫人與她不能相容，不願讓丈夫為難的潘玉良借參加巴黎舉辦的「萬國博覽會」和舉辦自己個人畫展的機會再赴歐洲，此後就客居巴黎。

在巴黎有一個人，在她有限的生活圈子裡，以他幾十年如一日的真誠成為她極特別的知己。這就是那個像水一樣的男人王守義。王守義出生於河北高陽縣農村，為人善良，富有同情心。他於一九二〇年去法國勤工儉學，後來在巴黎開中餐館。潘玉良在她的後半生與王守義相依為命。

她再到法國時，正值歐戰前夕，局勢緊張，許多留法習畫者正紛紛離去。戰爭時期，不僅生活不安定，繪畫工具、材料也十分缺乏，一般的畫展活動也不能如期進行，潘玉良境況窘迫，王守義的接濟使她有了安定的生活保障。

王守義還是潘玉良從事繪畫和雕塑時的助手、追隨者，或者仰慕者。他懂得欣賞潘玉良的品德和才情。無論是輝煌的時刻，還是落魄的歲月，王守義總是默默地陪伴和幫助她。在她的孤獨和寂寞裡注入了很多的溫暖。這是潘玉良的一種幸福和幸運。

清苦、自卑、晚年淒涼

在巴黎學畫時，由於戰亂，她一度有四個月的時間沒有接到家信和津貼，忍饑挨餓幾近失明。為了多臨摹一些大師們的作品，她極少在星期天休息。天還沒亮，她就起來，帶上畫具，到羅浮宮去。常常是口乾舌燥，腹痛噁心，饑不擇食地啃一塊冷麵包。第一次赴歐洲留學，是潘贊化為她申請了一個官費留學資格，她考取並得到了安徽省政府的雙份津貼。而此之前，作為上海美專唯一的女生，後來又被好事者打聽到她是青樓出身，所要面對的流言蜚語漫天飛舞，其內心的苦楚也是可以想見。

潘玉良的晚年很淒涼。巴黎是高消費的城市，她為人忠厚誠實，沒有代理商代理出售作品，她更不會經營宣傳「推銷」自己，歷年賣畫極少。到了晚年，年老體衰，靠社會補助金維持生計。一九七七年七月二十二日，在貧病交迫之中，默默地離開人世。

能找到的她所有的照片，或者她的自畫像裡沒有見過她燦爛地笑著的。而以她生前就有的影響和成就，她該是可以如此驕傲地笑的。有一張潘玉良於一九三一年五月在天津拍攝的照片，是當時記者採訪時拍攝的。看過後就不能釋懷。潘玉良作為中央美術學院教授隨徐悲鴻夫婦來到天津，當時她已是大畫家，照片當中的潘玉良卻沒有姹紫嫣紅的歡愉，顯然的孤寂和憂鬱隔著時空，依然流露著苦澀。她就是在這樣的內心世界裡活了一輩子。

先為雛妓，後為小妾，她的內心其實一直自卑、敏感、怯懦、孤獨。在她的靜物畫裡，盛開與凋謝的花朵是她經常描繪的題材。也許，她是刻意的，畫裡有她對生命過程的詮釋，也有她後來對命運莫測的宿命理解。

蜚聲海內外，巴黎市長親自授獎

古今中外的經傳中，潘玉良以不可代替的藝術史上的位置，成為了一個非常特殊的典型。由於她與眾不同的經歷和性格，使她成為二十世紀中國最為突兀，也最具代表性的女性藝術家。她的傳奇色彩，隔了半個世紀，縱橫交錯地展示在了我們的今天。

在那樣的一個戰亂年代裡，她隻身兩次遠渡重洋，在異國他鄉的巴黎從事藝術活動達五十多個春秋。在這段身處異鄉的經歷中，作為外國人眼中有藝術天分的中國人，她的作品曾多次入選法國具有代表性的沙龍展覽，並在美國、英國、義大利、比利時、盧森堡等國舉辦過個人畫展，曾榮獲法國金像獎、比利時金質獎章和銀盾獎、義大利羅馬國際藝術金盾獎等二十多個獎項。她一生最大的榮譽是一九五九年九月巴黎大學把它設立的多爾烈獎，頒給了這個中國女子，這是巴黎大學的歷史上是破天荒第一次。巴黎市市長親自主持授獎儀式，把銀盾、獎章、獎狀和一小星形佩章授給了她。

除此，潘玉良還是一位雕塑家，她創作的雕塑《格魯賽頭像》《蒙德梭魯頭像》，分別為巴黎尚拿士奇博物館和法國國立教育學院收藏。專家們說，她的油畫作品融合中西，色彩線條互相依存，用筆俊逸灑脫，氣韻生動，賦色濃豔，雍容華貴，別有趣味。她的繪畫有雕塑感，她的雕塑又有繪畫的渾厚。

堅韌、豪爽、自愛、愛國

潘玉良極其要強。她因為青樓女子的經歷一意要證明自己，也一意要在男權社會裡揚眉吐氣。這是女性的一種自愛，也是弱者的一種堅韌，這樣的堅韌和自愛潛移默化，是她一生的自我定位。認識潘玉良的人回憶說，在巴黎她有「三不」女士的稱號：一生堅持不入外國國籍，不戀愛，不和任何畫商簽訂合同，努力做一個獨立的人。

旅法畫家賀慕群曾這樣回憶他印象中的潘玉良：「僑居巴黎後，我和潘玉良常有來往，在藝術上和生活上都曾得到她的指導和幫助。潘玉良生活並不富裕，但是生性豪爽樂於助人。她常留短髮，喜喝酒，不拘細節，說話時聲音很大，氣勢不讓鬚眉，頗有男子氣度。晚年時住在蒙巴拿斯附近的一條小街，她住在頂樓，住房兼畫室，生活清苦，但是勤於作畫，有時候一天到晚在家作畫，一天都不出來。一九五四年，法國曾拍過一部記錄片《蒙巴拿斯人》，介紹這個地區文化名人，其中就有潘玉良，她是片中唯一的一個東方人。」

在潘玉良事業的鼎盛時期，日本軍國主義發動了侵華戰爭。面臨著亡國滅種之災，不願做亡國奴的人們，掀起了大規模的救亡運動。潘玉良以極大的熱情投身於當時美術界義展義賣活動，發表講話，譴責一些「知名人士」遠離現實、話多畫少。結果受到一些無恥之徒「妓女不能玷汙象牙之塔」等讒言汙語的誹謗攻擊。潘玉良不為所動，還之以加倍的努力投身藝術創作和社會活動。

潘玉良在風雨磨難中就這麼經歷過來了。然而，在這經歷裡，我們體悟著她的滄桑卻又不能解語的，是她所付出的艱辛和所經歷的坎坷。從一個沒有受過最基本教育的青樓女子成為蜚聲世界藝壇的藝術家，潘玉良所走過的每一步，都是在以最拚命的方式邁出。其中滋味，也就只有她自己的心能體悟。

從雛妓到著名畫家，她在中國近現代畫史裡一枝獨秀。二〇〇七年八月十六日，北京首都博物館展出了潘玉良的兩百幅精彩畫作，在京城引起了不小的轟動。這就是至今仍被人們記憶著的傳奇女子潘玉良。

唐德宗的自救：挽救大唐帝國的一份檢討書

韓小博、浥忱

皇帝們一般從不認錯，但是，個別皇帝偶爾也會認錯——寫檢討書。這是他們被逼到了牆角的自救行為。這種檢討書有個官方的說法——罪己詔。那麼唐德宗是在什麼情形下寫檢討書的呢？

《罪己詔》是古代帝王反省罪己的御用文書，大多是在階級矛盾異常尖銳，國家處於危難之時頒發的。唐德宗李適頒發的是中國歷史上比較著名的一道皇帝《罪己詔》，其辭痛切沉鬱、其情摯誠感人。尤為可貴的是，以往的皇帝通常是在面對重大天災時、出於對「天譴」的敬畏才不得不下詔罪己，其辭往往流於形式，其情亦難免作態之嫌。而李適此詔則純粹面對人事，是對自己所作所為的深刻反省和強烈譴責，因而雖是由翰林學士陸贄草詔，但德宗李適的深切懺悔之狀依然溢於言表，據說這篇詔書下達之後，「四方人心大悅」……

中國古代的皇帝們都愛亂認親戚，明明姓王姓劉，偏偏說自己和姓張的玉皇大帝是一家，美其名曰「天子」。既然是天的兒子，繼承了神的基因，自然就不會犯錯，所以皇帝們一般從不認錯，即使是殺了親爹的大錯。但是，個別皇帝偶爾也會認錯，寫個檢討書，這倒不是因為他們誠實，否認自己和玉皇大帝有血緣關係，而是他們被逼到了牆角的自救行為。這種檢討書有個官方的說法——罪己詔。據說歷史最早的罪己詔是商朝開國國君商湯寫的，比較出名的說法是「禹湯罪己，其興也勃焉；桀紂罪人，其亡也忽焉」。那麼，罪己詔的作用有多大呢？讓我們來看看唐朝的一份罪己詔，正是這一份百十號字的檢討書挽救了行將滅亡的大唐帝國。

李適在戰火的洗禮中迅速成長

故事的主角叫李適，他的曾爺爺是大名鼎鼎的唐明皇，他的爺爺是斬殺楊國忠、收復長安城的唐肅宗李亨，他的母親是歷史上被假冒次數最多的太后——唐代宗睿真沈皇后，算起來他也是出身名人家庭。然而名人家庭的光環卻沒有帶給他多少幸福，相反，他的人生一直被造反者的陰影籠罩著。

天寶元年（742年）四月十九日，李適出生於長安的皇宮中。他不僅是父親的長子，還是爺爺、時為太子的李亨的長孫，而父親又是爺爺的長子，這意味著他一出生就註定了自己是大唐帝國未來的皇帝。李適的童年正處於唐朝最最繁榮昌盛的時期，當時全國人口一路高漲到六千萬，達到了以前朝代從未有過的高峰。在這種背景下，李適的童年還是很幸福的。然而，他的人生剛剛踏入青春發育期，少年時代還沒走完第一步，西元七五五年，把大唐攪成一鍋大湯的安史之亂爆發了，那年他才十四歲。叛軍先破潼關，再破長安，倉皇出逃的唐明皇老爺子十分狼狽，走時連自己曾經最愛的梅妃都沒帶，只帶了楊貴妃一個老婆就一路南奔了。當時撇在長安的一干李姓宗室和女眷十分眾多，其中就包括李適的生母沈氏。從此，他們一個原本幸福的雙親家庭變成了單親家庭，再也沒能團圓過。

李適跟著父親、爺爺一路顛沛，多年間輾轉許多地方，直到父親唐代宗繼位，安史之亂還未平息。戰火中接受洗禮的李適迅速成長，曾被父親任命為天下兵馬大元帥，同郭子儀、李光弼等名將並肩與史思明父子展開最後的大決戰，並最終取勝。此後他官拜尚書令，受賜鐵券。而他的父親唐代宗也不是省油的燈，巧妙借助宦官之間的矛盾，剷除了權傾朝野的大太監李輔國。外亂平定，宦官集團又被壓制，唐朝貌似迎來了安史之亂後重新崛起的千載良機，但只是貌似而已。

李適即位，一片雄心變成灰心

大曆十四年（779年）五月，唐代宗病逝，李適以皇太子身分接任皇位，是為唐德宗。初登大寶的李適回想自己失去的母愛、少年時期的顛沛之苦，決心大幹一場，重整大唐帝國的雄風。他在政治上實施多項改革，雷厲風行，大有老祖宗唐太宗的風骨。然而，這時的唐朝早已陰陽失調多年，是唐明皇、李林輔、楊國忠、安祿山、李輔國等多位破壞天才嘔心瀝血的結果，一兩盒救心丸也就治治標，根本不能徹底解決問題。李適的措施看似果敢，但也只是下了一兩盒救心丸而已。而且，他本人又是個摳門兒鬼，最終導致了他的一片雄心變成了灰心。

安史之亂之所以會爆發，和當時地方藩鎮勢力的膨脹有很大關係。李適對症下藥，在政治上做了一些動作後，把注意力轉向了削藩，企圖把藩鎮首腦——節度使們手裡的權力收回到中央。時機很快送上了門。自安史之亂後，地方上的節度使們很多成了土皇帝，漸漸地，節度使死後將職位和領地傳給子孫成了不成文的規矩，連中央都不能干涉。李適決定改掉節度使們的臭毛病，讓他們知道誰才是真正的皇帝。建中二年（781年），河北成德鎮節度使李寶臣死去，他的兒子李惟岳上表請求繼承成德鎮的土地和權力。李適一口回絕，堅決要自己任命新的節度使。

慣例一旦養成，就很難改變。如果這次李適收回了成德鎮，下次就是山南鎮、淄青鎮。於是，魏博節度使田悅、淄青節度使李正己、山南節度使梁崇義幾個土皇帝便武裝聯合起來，和李惟岳一起向朝廷示威。李適早就料到會有這一手，於是他採取了以藩制藩的策略，利用各藩鎮之間的矛盾，拉攏幽州節度使等人攻擊叛軍。這一招開始非常好用，先是淄青鎮的李正己病死，他的兒子李納不堪重擊，被打得大敗。接著挑頭的李惟嶽集團發生內訌，本人被部將王武俊殺死，成德鎮的大將張忠和投降，並被德宗任命為新的成德節度使。四路叛軍，最後只有田悅在魏州負隅頑抗。打了一段時間，節度使們漸漸聰明起來，他們之間相互廝殺，等於是幫了中央政府的大忙，到時候好一個個收拾。於是，建中三年（782年）底，盧龍節度使朱滔挑頭自立為冀王，接著成德王武俊稱趙王、淄青李納稱齊王、魏博田悅稱魏王。這幾個王深知孤掌難鳴的道理，於是聯合起來組成造反集團，一致向唐德宗開戰。李適還沒有喘口氣，汝南節度使李希烈也跟著起哄，竟自立為楚帝，公開與大唐決裂。戰局由此陡轉直下。危急之下，李適開始全國總動員，召集全國可以調動的兵力先打出頭鳥——李希烈。

一時間，戰火從河北一直燒到河南，也燒到了東都洛陽。其實當官的和當皇帝的鬧得再凶，也不關當兵的事，他們所要的只是有肉吃，有錢花。可是關鍵時候，李適偏偏玩起了摳門兒。建中四年（783年）十月，調往淮西前線平叛的涇原兵馬途經長安時，從軍官到士兵，都以為可以領到很多很多的賞錢，然後腰纏金銀珠寶上戰場。然而李適壓根沒把這些士兵當人看，按乞丐的待遇打發。結果滿心歡喜的數萬涇原兵不僅工資沒領著，吃的伙食都很差，沒有肉也就算了，連米都是糙米，嚼起來塞牙。士兵們一下火了，覺得自己這麼賣命，連工錢都拿不上，想要造反！頃刻間，平叛大軍變成了造反大軍，「涇師之變」由此爆發。由於事發突然，李適半點準備都沒有，慌忙下令緊急調撥二十大車金銀財寶犒勞這幫士兵。該大方的時候不大方，事後大方已經太遲了，叛軍不僅要了二十車珠寶，還要拿下李適的人頭。沒辦法，李適只好帶著一家老小跑出了長安，逃到奉天（今陝西乾縣）。涇原兵反之後，決定回應朱滔，就擁立朱滔的兄長朱泚為皇帝，國號大秦（後改為漢）。朱泚為了讓自己的大秦取代大唐，立即帶兵圍攻奉天，搞得李適就像活到了世界盡頭。

李適向全國人民公開檢討

眼看大唐江山就要毀在自己手裡，李適決定低聲下氣一次。他以當初拒絕李惟嶽同樣的堅決，接受了翰林學士陸贄的建議，向全國人民公開檢討。這份檢討書的名字就叫《罪己大赦詔》。在這份著名的檢討書中，李適本著懲前毖後、治病救己的指導思想，認真回顧了自己的錯誤，而且敢用重詞，譬如「天譴於上而朕不悟，人怨於下而朕不知……上累於祖宗，下負於黎庶」等等。同時為了顯示自我批評不是表面文章，他還赦免了除稱帝的朱泚之外的所有叛亂將領，並指出國家現在這副混亂的樣子，責任不在別人，「罪實在予」。這份檢討書因為態度誠懇，居然感動了很多叛軍，「士卒皆感泣」。很快，叛亂人員王武俊、李納、田悅主動取消王號，上表謝罪。當年七月，李晟打敗朱泚一舉收復長安，李適終於得以重返長安。國家局勢也很快穩定下來。

此後，遭受削藩失敗打擊的李適心灰意冷，對地方的土皇帝們也開始聽之任之。從此，唐朝藩鎮割據持續惡化，直到唐憲宗李純時候才稍有好轉。

清末轟動朝野的一樁官場花案

甄光俊、方兆麟

轟動一時的慶王府貝子載振包買女藝人楊翠喜一案，看上去似乎是個花案，是載振給朝廷丟了臉，實則是有很深的政治背景，是一次官場權力之爭，這個案子也成為「丁未政潮」的導火線……

民國初年，一支名為《楊翠喜》的新編敘事性廣東樂曲問世，很快便風靡南北各地，新月唱片公司不失時機地將其灌製成唱片在全國發行，加速了它的廣泛流行。這支樂曲之所以迅疾走紅，不單單因為它的曲調委婉哀怨，如訴如泣，更重要的原因是，這支樂曲的創作素材，取之於此前不久曝光的一樁官場花案——慶王府貝子銜御前大臣載振違反清宮禁忌，光緒三十二年（1906年）私匿天津戲曲女藝人楊翠喜於金屋，御史趙啟霖聯合同僚岑春煊上奏朝廷，要求彈劾，由此引出令朝野譁然的官場花案——原來，楊翠喜是這場花案裡遭受迫害的女子的實姓真名。

楊翠喜其人

楊翠喜，光緒十四年（1888年）生於天津西郊楊柳青一戶農家，祖籍直隸東安。她本不姓楊，也不叫翠喜，人們只記得她的乳名叫丫頭。她有一兄一弟，一家五口租種別人家幾畝旱田過活，丫頭十歲那年，她父親得了癆症，經常吐血，到處借錢買藥治病也不見好轉。一家人失去了支柱，窘境可想而知。

一九〇〇年，楊柳青一帶先旱後澇，到秋天，丫頭家租種的幾畝薄地顆粒未收，莫說地租無力歸還，就是一家人的糊口稀粥，也無著落。為了活命，丫頭的母親領著十二歲的丫頭離開家鄉，打算出關去東北逃荒。常言說禍不單行，丫頭母女沿途乞討，剛走到百十里外的蘆台，母親由於長途跋涉和忍饑受寒，突然下身浮腫，再難往前行走一步。萬般無奈，狠心將女兒典押給當地一戶人家，說好日後加倍花錢來贖人。

母親用這筆錢雇了一個腳夫，好歹回到楊柳青老家。東摘西借，好不容易把贖女兒的錢湊足，央求親戚到蘆台贖人，誰知丫頭已被那戶人家轉賣到天津。那戶人家死活不肯說出丫頭在天津的下落。母親聞訊後，趴在炕上哭得死去活來。那個年月，誰家的黃花少女一旦被賣，那算是掉進了火坑，一輩子不會得好，做媽的能不心痛？可一個農家婦女，身落異鄉又舉目無親，在走投無路的情況下，她不這麼做，又有什麼活路可走呢？

丫頭被蘆台那戶人家賣到天津城裡白家胡同的楊茂尊家。楊茂尊專以買賣人口為業，他慣於在災荒年到農村趁火打劫，花不了幾個錢把破產農戶的女孩子買到天津，自己先把姑娘們的身子占有，教給她們賣笑營生的方法，然後逼迫她們接客為娼，成為他的搖錢樹，或將她們轉賣他人，得一筆大錢。凡是他花錢買來的女孩子，必須改隨楊姓，由他起名排字，千方百計不讓姑娘們的家裡人打聽到下落。丫頭被賣到楊家之前，楊家已有兩個更名改姓的女孩子，大些的叫楊翠鳳，小些的叫楊翠紅，丫頭排行第三，改名叫楊翠喜。翠喜和翠紅、翠鳳一樣，從一踏進楊家的大門，就開始過著非人的生活。

彼時，在直隸北京、天津發祥的河北梆子紅及大江南北。南迄福建、上海，北至哈爾濱、海參崴，無處不盛行河北梆子。天津的妓院窯主們，眼見梆子腔走紅，紛紛延聘藝人到青樓教姑娘們學唱。爾後，許多青樓女子改妓為優或優妓兼營，梆子女演員之風隨即盛行開來。凡是女藝人登臺唱梆子的戲園子，生意必定興旺，老闆收入異常豐厚。奉天（瀋陽）、濟南、蘇州等地的戲園也爭相到天津邀約女角，女角兒的身價陡然驟增。楊茂尊眼見女戲子比賣笑生意紅火，經與天仙茶園股東兼教習的陳國璧協商，決定把翠鳳、翠紅、翠喜三人同時轉賣到天仙茶園學戲。此後，三姐妹變窯為伶，成了河北梆子早期女演員之一。

天仙茶園股東陳國璧，從小喜歡練功，孔武有力，曾於光緒初年進京應試武舉，因在北京與皇族後裔發生械鬥，闖禍後連夜逃回天津，在城裡隱居了一陣，風波漸漸平息，遂入股天仙茶園，後成獨家股東，兼教武功。翠鳳、翠紅、翠喜三姐妹進班之後，在他鞭抽棍打的嚴厲管教下，藝事進步很快。剛一登臺露演，就很引人矚目。一九〇三年，大姐翠鳳被直隸候補道北洋陸軍統制段芝貴花錢買走，新鮮了一陣之後，又被段芝貴送給他的乾爹袁世凱。二姐翠紅也沒在戲臺上唱多久，就被天津某商戶買去做妾，從此息影舞臺。唯獨翠喜，因為年輕貌美，而且唱戲有人緣，除唱戲所得外，單是別人的額外饋贈，也極為可觀。陳國璧把她視為取之不盡的聚寶盆，無論誰出多大的價錢，也不肯把她出手。

楊翠喜生性聰穎、機敏，在戲班裡學演花旦，很快就學會《拾玉鐲》《錯中錯》《青雲下書》《珍珠衫》《喜榮歸》《殺狗》等一大批劇碼。在侯家後（地名）的協盛園初登舞臺，因為身長玉立，走起臺步有弱柳迎風之姿，扮出戲來有沉魚落雁之貌；開口歌唱雖然嗓音不是多麼出眾，但她敢於作戲，表情細膩、真切，所以大受看客青睞。特別是那些紳商富賈、大吏豪客，常專為她到茶園來捧場。連名士李叔同也與她交誼深厚，耐心為她指點藝事。

如此種種，促成楊翠喜很快成為天津戲曲舞臺上的女魁。大觀、福仙、景春、會芳等茶園，不惜重金邀聘主演，一般月獲包銀千元左右。於此可見她身價之昂貴。

轉眼之間，翠喜在天仙班已經度過六年笑在臉上、苦在心裡的女伶生涯。一九〇六年，十八歲的她已經出落得花朵一般。那些紈絝子弟和達官貴人，就像追香逐豔的浪蝶飛蜂，翠喜在哪兒演戲，他們總要趕到哪兒去看。寫詩捧場的、往臺上拋金銀首飾的、厚著臉皮找到後臺遞送請柬的，無日不有。楊翠喜儘管討厭這一套，可她又敢得罪哪個？她靠這些人吃飯，靠這些人的勢力作藝，哪個她也惹不起。

皇親載振「倒口袋」

光緒三十二年（1906年），慶王奕劻的長子載振貝子，以御前大臣、農工商部尚書銜，奉旨到奉天考察政務，徐世昌陪同前往，天津巡警總辦段芝貴為隨員，行前通知直隸總督衙門將在天津稍事停留。載振是光緒皇帝的遠房兄弟，其父奕劻系慈禧的心腹朝臣，以親貴執掌國政。由於這些關係，使他得以飛黃騰達——十四歲獲頭品頂戴，十九歲封為二等鎮國將軍，後加貝子銜。光緒二十八年（1902年），被委任大清國賀英皇加冕典禮專使，出訪英國，然後又赴法國、比利時、美國、日本等國訪問。回國後歷任商部尚書、御前大臣、農工商部尚書等顯職。載振此次途徑天津，與慶親王奕劻有特殊關係的直隸總督袁世凱全力以赴，載振剛一到津，袁世凱就在總督衙門設宴為其接風洗塵，殷勤款待。老於世故的段芝貴，對載振這個酒色之徒瞭若指掌，為投其所好，特意安排載振去天仙茶園看名角楊翠喜的表演。事前段再三叮囑翠喜拿出看家本事，把載振伺候好，並在開戲前領著翠喜到客廳拜見載振。載振一見楊翠喜有傾國傾城之貌，頓時如癡如醉，目不轉睛地盯著她看，早把自己的身分忘到九霄雲外，連說：「秀色可餐，名不虛傳。」說罷，外癡內黠地直視著翠喜問：「今天給貝子爺唱哪齣啊？……」段芝貴催促翠喜將戲帖雙手遞上：「請貝子爺點一齣。」載振將戲帖接在手裡，草草地看了一下上面的戲目，頭一抬，挑起眼皮又斜著兩眼望著翠喜說：「就唱《賣胭脂》吧。」《賣胭脂》是一出因格調低下而聲名狼藉的小旦、小生戲，演的是落第書生郭懷假借買胭脂之名，調戲胭脂店少女的事，載振偏偏就點了這一齣。

楊翠喜在臺上表演，載振看得心裡奇癢難耐，靈魂也隨著演員的表情動作飛出軀殼，附著在翠喜那婀娜多姿的身上。其形其態醜不堪言。散了戲，段芝貴又把翠喜送到載振的酒席宴前，載振一把將翠喜拉了過去，按坐在自己身邊。明是讓翠喜為貝子爺敬酒，載振卻向翠喜大獻殷勤，把個青春女子灌得天旋地轉。載振又借酒裝憨，似醉非醉地纏住翠喜不放。段芝貴心領神會，悄悄安排翠喜於是夜在載振身邊侍寢。

載振被楊翠喜豔容傾倒，一連幾日偕翠喜於左右，焉然待如夫人似的在大庭廣眾下招搖，他本想在天津盡情享樂幾天，奈何身負朝廷使命非出關不可，最後還是和翠喜分手，快快不樂地離開了天津。

載振在天津為楊翠喜而失態，正中段芝貴下懷，他心裡非常得意，預感到升官的階梯就要搭設起來了。他在載振走後，立即約來與楊翠喜私交甚密的鹽商王益孫，央求王出面與翠喜的領主陳國璧商議，用「倒口袋」的方式贖買楊翠喜。按當時官府規定，朝廷命官不准私蓄優妓，但以非官方的名義贖買優妓，然後暗地裡倒給政府官員則無人追究。用此種方式買優妓為妾者時有所聞，天津民眾稱之為「倒口袋」。

當初陳國璧從楊茂尊手裡贖買楊翠喜，白銀不過五十兩，而今王益孫向他開口討價，他並不打算真賣，又不便回駁，便以大洋三千塊開價作為搪塞，豈料王益孫竟滿口答應。待他得知王益孫系為段芝貴「倒口袋」，更是後悔不迭。遂將翠喜藏匿在金家窯的女傭家中。王益孫前來領人時，陳改口楊翠喜的身價非大洋一萬兩千塊不可。幾經討價還價，終以大洋八千元成交。楊翠喜被贖出後，段芝貴又破費銀元五千塊，為翠喜購置珠翠頭面和考究的服裝。經過精心調教，於次年三月，以為慶王奕劻祝壽之機，把翠喜秘密送到北京，獻給了貝子載振。

載振意外得到朝思暮想的美人楊翠喜，對買美獻美的段芝貴感恩戴德。他乞求其父奕劻擢升段芝貴以為答報。奕劻身為執掌國政的朝廷重臣，竟然縱容其子，於同年四月十二日，將布政使署理黑龍江巡撫之職授予段芝貴，一筆骯髒的交易就這樣做成了。

官場博弈

有道是「沒有不透風的牆」。沒出幾天，以畫仕女享名於世的畫家張瘦虎，得悉段芝貴獻美、載振賣官的內情，出於對官場腐敗的憤憤不平，當即以「愁父」署名，繪製了一幀小中堂諷刺畫，題名《升官圖》。畫面端坐一纏足女郎，二郎腿一搭一蹺；一清裝官員跪倒在女人石榴裙下，覬覦女人腳下的花翎頂戴，作叩頭謝恩狀。明眼人一看便知畫面上那位女人酷似女藝人楊翠喜，那清裝官員自然就是段芝貴了。此畫告成，投寄天津《醒俗畫報》，社長吳子洲恐因此招惹是非，未予刊用，畫家又將畫稿張掛在文美齋南紙局。於是，畫中所諷刺段芝貴獻美賄官、載振金屋藏匿女伶的事流傳開來，並且很快傳到朝廷內部，由此引出一場不大不小的官場風波，就連慈禧太后也為此事大傷腦筋。

本來，像載振這樣挾妓作狎冶遊之事，在朝廷中實不罕見，雖屬違禁，人們總是睜一隻眼閉一隻眼，並不深究。然而，事情發生在貝子載振身上，情況就不同了。因為當時朝廷內部宗派鬥爭異常激烈，慶親王奕劻與袁世凱勾結，排除異己，爭奪權勢，早為大臣岑春煊等人所憎惡，雙方都瞪起眼睛尋找對方要害之處，伺機打擊。

清廷御史趙啟霖（字芷蓀）首先發難。光緒三十三年（1907年）三月二十五日他以段芝貴花巨金買歌姬敬獻載振賄謀黑龍江巡撫為由，寫了一份《段芝貴夤緣親貴，物議沸騰折》呈報朝廷，彈劾了段芝貴。緊接著，郵傳部尚書岑春煊單獨進宮謁見慈禧。此公在八國聯軍進犯北京、慈禧出逃西北時護駕有功，而被慈禧看重。如今他在慈禧面前密奏，支持趙啟霖打擊奕劻、袁世凱一夥，使朝野大嘩。慈禧為了平息輿論，派醇親王載灃（宣統皇帝之父）和大學士孫家鼐到天津調查事實經過。但未等查明結果，朝廷即頒諭，撤去段芝貴布政使銜，毋庸署理黑龍江巡撫，以程德全暫行署理。此舉是想將大事化小，小事化了。

趙啟霖發疏劾段，早有人向載振通風報信。載振雖有後臺，聞訊後也吃驚不小。他一面在北京加緊運動朝中要人，一面差遣親信從通州乘船走水路，連夜將楊翠喜秘密退回天津。袁世凱在天津的表弟張鎮芳按照袁的授意，多方疏通，將楊翠喜轉贈鹽商王益孫，以掩人耳目。先決條件是訂立一張置翠喜為妾的文契，寫明日期為光緒三十一年（1905年）六月，用意在於表明早在載振奉旨出關途經天津一年多以前，楊翠喜已為王家的外宅妾。王益孫早與翠喜有情，如今分文不花就能白白得到這位令多少豪紳大吏垂涎的名優，自然一切照辦不誤。諸事安排妥當，孫家鼐才派出查辦委員參領恩志、內閣侍讀潤昌一行來到天津，在下榻的利順德飯店傳訊天津巡警探訪隊長、知府楊以德，以及王益孫、陳國璧等人。楊以德與段芝貴本是莫逆之交，王益孫、陳國璧等人也早被買通，這些人串通一氣，編造了偽證，其中竟然還有楊翠喜本人的口供。恩志、潤昌按照這些人的偽證，回京複奏。在北京，載灃、孫家鼐本來早就與奕劻父子狼狽為奸，在調查載振藏匿楊翠喜事件中更是官官相護。經過一番弄虛作假，於同年四月五日向慈禧轉奏了所謂的調查結果。慈禧當即指令光緒皇帝頒下詔書，載振沒有受到處理，反把奏請彈劾載振的御史趙啟霖革了職。

就這樣，御史趙啟霖以參奏不實、汙蔑權貴的罪名，被革去職務。載振因名聲益加狼藉，自知難服同僚，於是轉天向朝廷自請開缺。朝廷為此下旨稱：「載振自在內廷當差以來，素稱謹慎。朝廷以其才識穩練，特簡商部尚書，並補授御前大臣。茲據奏陳請開差缺，情詞懇摯，出於至誠。並據慶親王奕劻面奏，再三籲懇，具見謙畏之忱。不得不勉如所請。載振著准予開去御前大臣、領侍衛內大臣、農工商部尚書等缺及一切差使，以示曲體……」

光緒諭旨頒發後，朝野上下掀起軒然大波。四月十八日御史江春霖具章指出楊翠喜供詞和載灃、孫家鼐的結論都是欺人之談。奏章條理清晰，論證確切，充滿凜然正氣，使朝廷如坐針氈。都御史陸寶忠和御史趙炳麟也先後上奏，為趙啟霖申白、營救。載灃、奕劻一夥人代朝廷批復：「趙啟霖誣衊親貴重臣，既經查明失實，自應予以懲儆。」趙啟霖為彈劾載振上奏朝廷，丟了頭上的烏紗。最終，一個御前大臣和一個賄賂到手的巡撫，到底還是被罷免，總算沒白付出代價。事過多年後，著名文人張伯駒（其父張鎮芳系袁世凱的表弟，曾參與段芝貴獻美賄官事）寫有這樣一首詩：「買贈佳人金屋嬌，封疆擢任氣何豪。啟霖多事煞風景，卻上彈章拆鳳巢。」就是對這件事實的濃縮記錄。

可憐風塵女

趙啟霖被罷官後，在京師強大輿論壓力下，僅僅兩個多月，又於六月初七官復原職；載振則避居天津。辛亥革命推翻清朝封建統治後，載振父子寓居天津慶王府（現重慶道），載振幸乘父蔭，被遜帝溥儀加恩承襲為慶親王，坐擁厚資，將大量款項存入滙豐銀行，過起奢侈的富翁生活。而那位被撤去巡撫之職的段芝貴，在辛亥革命以後，因為和袁世凱的舊關係，在北京政府當了拱衛軍總司令，還先後擔任過察哈爾和湖北兩省的都督。

轟動一時的載振包買楊翠喜案看上去似乎是個花案，是載振給朝廷丟了臉，其實這裡有很深的政治背景，是一次官場權力之爭，這個案子成為「丁未政潮」的導火線。在這個案子中先有趙啟霖、載振、段芝貴在朝廷獲咎，後在奕劻、袁世凱的密謀策劃下，又將其政敵岑春煊、瞿鴻禨等人趕出朝廷，其餘黨佘肇康、汪康年受到嚴厲處置。袁世凱在這次風潮平息後也請假養病，不久調任軍機大臣，明升暗降，削弱了其在北洋的權力。

最不幸的是那位無端受害的戲曲女演員楊翠喜。她從北京偷偷被送回天津，直接成為鹽商家裡的小妾。王益孫在住宅前院為楊翠喜另建房三間，並帶私家戲樓，為防止世人口舌，他不准翠喜出屋一步，但准其在戲樓裡唱戲過癮。儘管如此，翠喜依然每日如同坐監，由於心情鬱悶，這位大得時譽的河北梆子第一代女演員，不足三十歲即早早地離開了人間。所遺二子，下落不詳。

第二篇

還原真相

「空城計」早被看穿，司馬懿故意放孔明一馬？

雍正設立的「特務機關」就是傳說中的血滴子？

身世之謎：代父從軍的花木蘭，其實不姓「花」？

還原廣為人知的歷史真相，古代聖賢恐怕也只是一介平民。

血滴子與雍正特務政治的真相

佚名

在清代十三個王朝中，雍正是一位施行恐怖、苛嚴政治的強權統治者，關於他的流言蜚語在民間廣為流傳。而在當時最流行的通俗小說中，有一個被頻頻使用的藝術形象——「血滴子」。那麼「血滴子」究竟出自何處，它與特務政治的真相又是什麼呢？

據史書記載，西元一七三五年八月二十日，雍正還在處理政務，晚上得病，次日凌晨即死亡。由於死亡非常突然，於是在官場民間，便產生了種種猜想和傳說。民間流傳最廣的就是呂四娘報仇削取了雍正首級。

雍正年間，湖南秀才曾靜因不滿清廷統治，上書陝西總督岳鐘祺（岳飛的後裔）策動反清。事後，雍正就此事大做文章，對案犯嚴加審訊，廣肆株連，由此引出浙江文士呂留良文字獄案。曾靜等人鋃鐺入獄，後被滿門抄斬，呂留良一家也未能倖免。呂留良之孫女呂四娘因在安徽乳娘家中，倖免於難。年僅十三歲的呂四娘秉性剛強，得知其全家祖孫三代慘遭殺害，悲憤填膺，當即刺破手指，血書「不殺雍正，死不瞑目」八個大字。於是隻身北上京城，決心替全家報仇。途中巧逢高僧甘鳳池，四娘拜之為師。甘授呂四娘飛簷走壁及刀劍武藝。之後，呂四娘輾轉進京，設計潛入乾清宮（皇帝聽政，接見臣僚及外夷使節之處），刺殺雍正，削下頭顱，提首級而去。民間又盛傳雍正大葬時只得以金鑄頭代之，葬於河北省易州泰陵地宮。

關於「血滴子」和「粘桿處」

小說是有事實的「影子」。在文人筆下雍正被刻畫成精諳武藝、神通廣大的陰謀家，他的手下豢養了一批技藝絕倫的俠客力士，操持著一種名曰「血滴子」的殺人利器，能取敵人的首級於千里之外。同時，「血滴子」也是秘密殺手的代稱。據傳，雍正的八弟「阿其那」（允祀）、九弟「塞思黑」（允禟）都是為「血滴子」所殺。顯然，此類荒誕不經的描寫不能作為信史。然而，雍正確實是以處於弱勢的政治力量在奪儲鬥爭中取勝的。他能登上寶座，除了本人工於心計和有一套政治手腕外，還得力於他有一個訓練有素的情報組織，這個組織便是「粘桿處」。

顧名思義，「粘桿處」是一個專事粘蟬捉蜻蜓、釣魚的服務組織。雍正還是皇子時，位於北京城東北新橋附近的府邸內院，長有一些高大的樹木，每逢盛夏初秋，繁茂枝葉中有鳴蟬聒噪，喜靜畏暑的胤禛便命門客家丁操桿捕蟬。康熙四十八年，胤禛從「多羅貝勒」晉升為「和碩雍親王」，其時康熙眾多皇子間的角逐也到了白熱化的階段。胤禛表面上與世無爭，暗地裡卻制定綱領，加緊了爭儲的步伐。他招募江湖武功高手，訓練家丁隊伍，這支隊伍的任務是四處刺探情報，剷除異己。

雍正登上皇位後，為了鞏固專制統治，也為了酬謝黨羽，在內務府之下設立了「粘桿處」機關。「粘桿處」的首領名「粘桿侍衛」，是由有功勳的大特務擔任的。他們大多是雍正藩邸舊人，官居高位，權勢很大。粘桿處的一般成員名「粘桿拜唐阿」，統稱「粘桿拜唐」，由小特務充任。他們都是內務府包衣人，屬未入流，薪水不高，但每天跟隨雍正左右，炙手可熱。

可見「粘桿處」表面上是伺候皇室玩耍的服務機關，實則是一個特務組織。小說中所謂的「血滴子」大約指的就是「粘桿處」的這些人。不難推想，雍正是把政敵比作魚、蟬、蜻蜓一樣的小動物來撒網捕捉、加以控制的。

「粘桿處」雖屬內務府系統，總部卻設在雍親王府。雍正三年，胤禛降旨雍親王府改為雍和宮，定為「龍潛禁地」。但奇怪的是改制後的行宮並未改覆黃色琉璃瓦，殿頂仍覆綠色琉璃瓦。有人認為，雍和宮雖為皇帝行宮，但曾經有一條專供特務人員秘密來往的通道。雍和宮其實是一個森嚴的特務衙署，為了不致秘密外洩，才改府為宮。還有一種傳說：在雍和宮已找不到任何地下通道的痕跡了，很可能是雍正的兒子乾隆為了消除其父留下的不良遺跡，改雍和宮為喇嘛廟時，加以徹底翻修，將之平毀無痕。

「粘桿處」在紫禁城內還設一個分部，御花園堆秀山「御景亭」是他們值班觀望的崗亭。山下門洞前擺著四條黑漆大板凳，無論白天黑夜，都有四名「粘桿衛士」和四名「粘桿拜唐」坐在上面。雍正交辦的任務，由值班人員迅速送往雍和宮，再由雍和宮總部發布命令派人辦理。雍正去世後，乾隆皇帝繼續利用「粘桿處」控制京內外和外省大臣的活動，直到乾隆死後，「粘桿處」的特務活動才逐漸廢弛。

別出心裁的密折制度

告密，為君子所不齒，因為這是不正當的手段。可是在雍正麾下互相告密卻是官員的常課，被視為本職工作的一部分。雍正二年，封疆大吏浙閩總督覺羅保、山西巡撫諾珢、江蘇布政使鄂爾泰、雲南巡撫揚名時突然遭到皇帝嚴厲的斥責，緊接著宣布停止他們給皇帝上奏的權利。作為一個封建官僚，除了降罪撤職，再也沒有什麼比被剝奪其參政言事的權利更為嚴重了。

為何事得罪？可以參見雍正七年給鄂爾泰的侄子鄂昌的一段批示：「密之一字，最緊要，不可令一人知，即汝叔鄂爾泰不必令知。」原來，覺羅保們是因為向外人透露給皇帝奏章的內容被懲罰的。這種不得讓第三者知道的奏章，不是題本、奏本，而是雍正朝的一種特殊的文書制度——奏摺。

古代臣對君的報告名目繁多，常用的有章、表、議、疏、啟、書、記、箚子、封事等。清代沿襲前明制度，用題本和奏本兩種形式。題本是較正式的報告，由通政司轉送內閣申請擬旨，再呈送皇帝，手續繁複，又易洩密。奏本不用印，手續較簡，但也要做公文旅行，毫無機密可言。奏摺的要旨就在一個「密」字，它由皇上親拆親行，任何第三者都無權拆看，有很強的保密性。因此，雍正登基的第十四天，便下了一道收繳前朝密折的諭旨，使密折逐步形成了一種固定的文書制度。在雍正欽定的規章裡，從繕折、裝匣、傳遞、批閱、發回本人，再繳進宮中，都有一定的程式，不允許紊亂。按照密折的內容，分別規定用素紙、黃紙、黃綾面紙、白綾面紙四種繕寫，並使用統一規格的封套。密折須本人親筆，臣工繕寫完後，加以封套、固封，裝入特製的折匣，用宮廷鎖匠特製的銅鎖鎖住，坊間鎖匠配製的鑰匙是絕對打不開密折匣的。密折派專人送達。

給皇帝上密折是一種特權更是一種榮譽。現存最早的奏摺是康熙三十二年的奏摺。當時有資格上奏的只是由中央派到地方上的常設官員，他們大多是皇帝家臣。如江甯、蘇州織造什麼的。終康熙一朝密奏者只有百餘人。而雍正朝卻多達一千一百多名，逐步擴大到各省督撫、藩、臬、提、鎮等。何等官職才有資格密奏，誰也說不清。與其說依品級，不如說視與皇帝的關係而定。到了雍正後期，甚至連知府、同知副將等一些微職也可特許准奏。

上密折是特權，有權力就有義務，臣子們在洋洋得意於自己恩寵的同時，不知不覺中把前程也付之於這一奏摺了。奏摺的內容千殊萬別，上自軍國重務，下至身邊瑣事，無所不包。雍正朝的密折不但用來陳事，還用來薦人。雍正於官員的登用、陟黜極為留意，他曾一再透露：「朕惟治天下之道，首重用人。」雍正考察地方的吏治，著重點是對地方的官吏的檢查。他給官員授權，允許越境奏事；可以越級監視，上下牽制，這種方法使雍正瞭解了很多的情況。諸如地方政事的好壞，官員中誰認真負責，誰搪塞敷衍。也使為官者人人震懾，不敢輕蹈法網。但是，雍正很講究體制，他不允許下級超越職權。他一再告誡臣子：「今許汝密折奏事，切毋籍此挾制上司，而失屬官之體。」

密折作為君臣間的私人通訊，可以無話不談；臣下獻議，皇帝先睹為快，可以通達下情，直接批上自己的意見；國家有所舉措，臣下有不同看法，也可以婉轉諫勸。奏摺制只是一種文書制度。它雖是無形的，但比之某個官衙的設置所產生的影響，卻遠遠超出一般的衙門的興廢。楊啟樵先生在《雍正帝及其密折制度研究》一書中認為：密折制是雍正推行專制政治的有效手段。之一，皇帝可以直接處理庶務，強化其權力；之二，有效地控制了官員，使他們互相牽制，效忠於皇上。密折制度牽涉到君臣間的權力的分配，是官僚政治的重大改革。

情報網的由來

在雍正朝每一個具有奏摺資格的人都有權向皇帝密告自己的同僚、下級甚至上司；同時在他監視別人的過程中，自己也被置於別人的監視中。雍正並不忌諱談到告密，他標榜自己「朕勵精圖治，耳目甚廣」。從現存的資料分析得知，他的耳目觸角遍及全國各地。有以奏摺制度為依託的明線，又有由特工所織成的若干暗線。一切都是無形的卻又很制度化。其情報網組織的人員，一為科道言官和寫奏摺的官員；二為雍正所培養的一批御前侍衛；三為通過各種管道推薦給各省督撫的書記、長隨等。

探究雍正情報網的設立，起因有三端：一是政體上的原因。清代以族國立制，皇帝是臣子的最高主子。家臣效忠主子是天經地義的事。所以，官員以取得與皇帝進行私人通信的資格為榮。二是受當時的政治形勢所迫，這是直接的原因。康熙朝的儲位之爭在雍正初年的延續，造成了雍正瞭解民間動向的迫切性，也增加了他嚴格控制官僚們思想行為的自覺性。三可說是集權的需要，這是最本質的原因。楊啟樵在《雍正帝及其密折制度研究》一書中指出：「君主專政時代，人君深居九重，與外界隔閡，政事則委諸大臣，但又恐所托非人，為非作歹，貽誤蒼生，甚或生覬覦之心，危及江山，因此不得不廣布耳目，以周知庶務，通達下情。」按照他的觀點，高高在上的皇帝並非高枕無憂。在他們的潛意識中都有一種危機感，生怕臣子不忠，生怕佞臣篡權，對每一點星星之火都要防微杜漸，隨時撲滅，以免失去控制，形成燎原之勢。歷代的特務機關都是在這種情形下產生的，諸如「詔獄」、「大誰何」、「麗竟門」、「不良人」、「侍衛司獄」、「內軍巡院」等。最有名的當推明代的「廠衛」，其荼毒臣民的殘酷和恐怖令人談虎色變。歷史的經驗值得注意，公開的任用特務，不得人心，且目標太大，成事不足，敗事有餘；但下情不能不周知，耳目不能沒有。有此殷鑒，雍正所建立的情報網才有更多的創意。

雍正情報網監控的主要對象是臣子。雍正以為用人得宜則地方獲治，此乃敷政寧人的根本所在。所以，他有一個基本信念，那就是對官員要不時體訪，防其改節。他的用人政策有三個要旨：廣採輿論、時加訪察和乾綱獨斷。以廣東省的官箴為例，略見一斑。廣州提督王紹緒系寵臣鄂爾泰所薦，雍正也曾予以「明敏穩妥」的考語，但他疑惑王紹緒「偏於養柔，恐不能克勝現任」，因此命廣州將軍石禮哈「留心探聽，便中據實奏聞」。石禮哈對王紹緒不錯，說他「念念不忘聖恩，志潔行清，勤於辦事」。雍正仍不放心，再向兩廣總督孔毓徇、署理廣東巡撫傅泰調查，直到再一次證實王紹緒操守極好，這才甘休。為了一名提督的任用，他不惜勞動眾人。又如傅泰，不但監視王紹緒，還訪察過廣東布政使王士俊、廣東按察使婁儼。照此說傅泰所得的寵信應該是很高的，但是，傅泰又何嘗不受他人監視？從《朱批諭旨》可知，王士俊和廣東總督郝玉麟都負有密報傅泰行止的使命。

由此，一省大小官員均在互相監督之中。將軍和總督可以密報提督、巡撫；提督、巡撫對總督，也要按皇帝的要求提供所需要的情報。章學誠在研究《朱批諭旨》時說：「彼時以督撫之威嚴，至不能彈一執法縣令、詿誤之吏，但使操持可信，大吏雖欲擠之死，而皇覽能燭其微。愚嘗讀《朱批諭旨》，而嘆當時清節孤直之臣遭逢如此，雖使感激殺身，亦不足為報也。」所嘆者正是封建政治尊卑統屬，督察參劾均有定制，而雍正卻隨心所欲地混亂上下次序。一方面皇權得到了最大限度的鞏固，另一方面臣子們卻處在被愚弄的境地中。

雍正的耳目還有一類是發往督撫處試用候補的侍衛，如雍正曾派遣十個御前侍衛到川陝總督年羹堯處學習軍事。這些侍衛賦有瞭解該地官民情況的職責，同時身負監視封疆大吏行止的密務，應該隨時隨地向皇帝密報年羹堯的表現。不曾料他們被年羹堯恩威並重收買下來，給雍正的密折中充滿了對年羹堯肉麻的吹捧。做皇帝的得不到任何真實情況，非常惱火。當年羹堯獲罪時，他在給侍衛的朱批中連斥「卑鄙」，令他們不必再回京。

在文人筆記和小說中，有許多對密訪人員的記載和描寫。有些情況因資料本身語焉不詳已弄不清楚了，但有一批人在為雍正幹密訪的勾當則是千真萬確的。趙翼在《簷曝雜記》中述及官僚王雲錦元旦在家裡與親朋好友打葉子牌，不知怎麼丟了一張。第二天上朝，雍正詢問他新年假期做了些什麼。他從實回奏，雍正點頭稱是，說他細事不欺君，不愧為狀元郎，隨手從袖中把那張丟失的葉子牌掏了出來。王雲錦驚駭有如五體投地。這樣的說法近乎三國演義，不實的成分很多，但是雍正用耳目以獲取真實情況卻是事實。

有一利必有一弊。雍正要求親信和非親信、瞭解或不甚瞭解的官員都互相監督。文員武弁、上下級之間、中央派員和地方官員交互進行。文武不同途，這樣互察已超出了正常的範圍。上級監督下級，本是應有職責；但密訪密奏，不是正常考核。特別是下級彙報上級、屬員彙報主官更是極不正常。這種不正常的手段必然會招致朝臣們的非議。雍正去世後不到一個月，原監察御史謝世濟和伯爵欽拜就大聲疾呼取消密折制，他們聲淚俱下歷數密報的弊端：「小人多以此說害君子，首告者不知主名，被告者無由申訴；上下相忌，君臣相疑。」他們在《論開言路之疏》中提出：「欲收開言路之利，且先除開言路之弊。」儘管，新一代君主乾隆對於他們的發難不以為然，繼續把密折當作法寶相襲相沿。然而，這位新皇帝對於那種訓練特務、派遣耳目的手段也感到過於兇殘了。為了替父親重塑形象，掩蓋其敗政；更為了給自己留下好的口碑，從此他再沒有大張旗鼓地強調要強化情報網、並重用那些專事密報的耳目。

雍正賜死年羹堯真相

金滿樓

關於雍正為何殺年羹堯，史學界向來有爭論。有人說是因為年羹堯想造反，又有人說年羹堯當年參與了雍正與諸兄弟的皇位之爭，雍正這樣做是殺人滅口。那麼，歷史上的年羹堯究竟是一個什麼樣的人？又是什麼原因導致雍正要下決心除掉這個自己曾經倚為心腹的寵臣呢？

凡看過電視連續劇《雍正王朝》的朋友，都一定會對年羹堯留下深刻印象。這位顯赫一時的年大將軍曾經屢立戰功、威鎮西陲，滿朝文武無不服其神勇，同時也得到雍正帝的特殊寵遇，可謂春風得意。但是不久之後，風雲驟變，彈劾奏章連篇累牘，各種打擊接踵而至，直至被雍正帝削官奪爵，列大罪九十二條，賜自盡。一個曾經叱吒風雲的大將軍最終落此下場，實在令人扼腕嘆息。

兩朝重臣，一家榮寵

年羹堯，字亮工，號雙峰，漢軍鑲黃旗人，父親年遐齡曾做過工部侍郎、湖北巡撫，哥哥年希堯也曾做過工部侍郎。這些還屬平常，關鍵是年羹堯的妹妹是胤禛的側福晉，雍正即位後被封為貴妃。如此說來，年羹堯還是雍正的大舅子。不過，年羹堯雖說是標準的皇親國戚，但他本人還是有真本事的。他後來雖然以軍功著稱，但他年輕的時候卻是中過進士（康熙三十九年），並且還做過翰林院的檢討，這是很不容易的。

因為妹妹的這層關係，年羹堯和雍正的關係自然大不一般，在官場上也是一帆風順，先做四川巡撫，後升為四川總督，康熙六十年（1721年）又做上了川陝總督。康熙死後，雍正命他與接替撫遠大將軍胤禵的延信共同執掌西北軍務。由此，年羹堯成為雍正即位後的左膀右臂，備受恩寵。

雍正元年（1723年）十月，青海和碩特蒙古部首領羅卜藏丹津趁撫遠大將軍胤禵回京之際發動叛亂，妄圖控制青藏地區，使得本已經平靜的西北局勢再起波瀾。羅卜藏丹津的叛亂，對於剛剛上位的雍正是個不小的考驗。當然，雍正也可以像大多數建國者一樣，利用這個機會把當時對他篡位的質疑給轉移開去。於是雍正便命年羹堯接任撫遠大將軍坐鎮西寧，指揮平叛，許勝不許敗，以幫助他穩固皇位。

年羹堯也算爭氣。經過充分的作戰準備，在雍正二年（1724年）初，年羹堯下令諸將「分道深入，搗其巢穴。」在短短的半個月內，各路大軍躍進千里，將叛軍打得落花流水。特別是四川提督岳鐘琪（當時雍正封其為奮威將軍）更是表現神勇，他率軍一路狂追，直搗敵穴，匪首羅卜藏丹津倉皇之下，化裝成女人才得以逃脫。最後，羅卜藏丹津領著兩百多殘兵敗將投奔了准葛爾部的策妄阿拉布坦，從此一蹶不振。

由此，「年大將軍」之威名，大江南北，人盡皆知。

對於年羹堯的功勞（不僅僅是戰功，關鍵還是對雍正初期穩固其皇位的貢獻），雍正是看在眼裡的。他曾極為肉麻地對年羹堯說：「朕實不知如何疼你，方有顏對天地神明也。西寧危急之時，即一折一字恐朕心煩驚駭，委屈設法，間以閑字，爾此等用心愛我處，朕皆體得。總之你待朕之意，朕全曉得就是矣。所以你此一番心，感邀上蒼，如是應朕，方知我君臣非泛泛無因而來者也，朕實慶倖之至。」

雍正對此時的年羹堯可謂是聖眷正濃，幾乎有過火之嫌。譬如有一次賜給年羹堯荔枝，為了保證新鮮，雍正特令驛站必須在六日內快馬送到（從京師到西安），這難免讓人想起當年唐明皇「一騎紅塵妃子笑」的典故。至於其他的賞賜，如奇寶珍玩、珍饈美味更是隔三差五地就送到年羹堯的軍中。除此之外，年羹堯的家人有什麼事情，雍正也是關懷備至，噓寒問暖，連年羹堯的妹妹年貴妃和外甥福惠（八歲夭折）的身體狀況，雍正也常常在下發給年羹堯的手諭中特意告知。

雍正曾語重心長地跟年羹堯說：「朕要是不做一個出色的皇帝，就對不起你如此對朕；但你要是不做英武超群的大臣，那也不能回報朕對你的知遇之恩。但願我們兩個能給後人做千古榜樣。」他還常念叨說，如果朝中多幾個像年羹堯這樣的大臣，那大清帝國還愁不強大？年羹堯聽雍正這麼推心置腹，那還不滿心歡喜？

此時的年羹堯，志得意滿，完全處於一種被奉承被恩寵的自我陶醉中，進而做出了許多超越本分的事情，最終招致雍正的警覺和忌恨，以致家破人亡。

盛極而衰，身敗名裂

年羹堯失寵的導火線是雍正二年十月第二次的進京陛見。在赴京途中，他令都統范時捷、直隸總督李維鈞等跪道迎送。到京時，黃韁紫騮，郊迎的王公以下官員跪接，年羹堯安然坐在馬上行過，看都不看一眼。王公大臣下馬向他問候，他也只是點點頭而已。更有甚者，他在雍正面前，態度竟也十分驕橫，「無人臣禮」。年進京不久，雍正獎賞軍功，京中傳言這是接受了年羹堯的請求；又說整治阿靈阿（皇八子胤禩集團的成員）等人，也是聽了年的話。這些話大大刺傷了雍正的自尊心。

年羹堯結束陛見回任後，接到了雍正的諭旨，上面有一段論述功臣保全名節的話：「凡人臣圖功易，成功難；成功易，守功難；守功易，終功難。……若倚功造過，必致反恩為仇，此從來人情常有者。」在這個朱諭中，雍正改變了過去嘉獎稱讚的語調，警告年羹堯要慎重自持，此後年羹堯的處境便急轉直下。

分析年羹堯失寵獲罪的原因，大致有以下幾點：

第一，擅作威福。年羹堯自恃功高，驕橫跋扈之風日甚一日。他在官場往來中趾高氣揚、氣勢凌人：贈送給屬下官員物件，「令北向叩頭謝恩」；發給總督、將軍的文書，本屬平行公文，卻擅稱「令諭」，把同官視為下屬；甚至蒙古札薩克郡王額附阿寶見他，也要行跪拜禮。

對於朝廷派來的御前侍衛，理應優待，但年羹堯把他們留在身邊當作「前後導引，執鞭墜鐙」的奴僕使用。按照清代的制度，凡上諭到達地方，地方大員必須迎詔，行三跪九叩大禮，跪請聖安，但雍正的恩詔兩次到西寧，年羹堯竟「不行宣讀曉諭」。

更有甚者，他曾向雍正進呈其出資刻印的《陸宣公奏議》，雍正打算親自撰寫序言，尚未寫出，年羹堯自己竟擬出一篇，並要雍正帝認可。年羹堯在雍正面前也行止失儀，「御前箕坐，無人臣禮」，雍正心中頗為不快。

第二，結黨營私。當時在文武官員的選任上，凡是年羹堯所保舉之人，吏、兵二部一律優先錄用，號稱「年選」。他還排斥異己，任用私人，形成了一個以他為首，以陝甘四川官員為骨幹，包括其他地區官員在內的小集團。小說《兒女英雄傳》所寫紀縣唐實指年羹堯，說他是經略七省的大將軍，「他那裡雄兵十萬，甲士千員，猛將如雲，謀臣似雨」。這些都是藝術上的誇張，與實際情形有很大的出入，但也說明年羹堯的勢力之大。

許多混跡官場的拍馬鑽營之輩眼見年羹堯勢頭正勁、權力日益膨脹，遂競相奔走其門。而年羹堯也是個注重培植私人勢力的人，每有肥缺美差必定安插其私人親信，「異己者屏斥，趨赴者薦拔」。比如他彈劾直隸巡撫趙之垣「庸劣紈絝」、「斷不可令為巡撫」，而舉薦其私人李維鈞。趙之垣因此而丟官，於是轉而投靠年羹堯門下，先後送給他價值達二十萬兩之巨的珠寶。年羹堯就借雍正二年進京之機，特地將趙帶到北京，「再四懇求引見」，力保其人可用。遭年羹堯參劾降職的江蘇按察使葛繼孔也兩次送上各種珍貴古玩，年羹堯於是答應日後對他「留心照看」。此外，年羹堯還借用兵之機，虛冒軍功，使其未出籍的家奴桑成鼎、魏之耀分別當上了直隸道員和署理副將的官職。

第三，貪斂財富。年羹堯貪贓受賄、侵蝕錢糧，累計達數百萬兩之多。而在雍正朝初年，整頓吏治、懲治貪贓枉法是一項重要改革措施。在這種節骨眼上，雍正是不會輕易放過年羹堯的。

雍正對年羹堯的懲處是分步逐漸進行的。第一步是在雍正二年十一月年羹堯陛見離京前後，此時雍正已作出決定，要打擊年羹堯。年羹堯離京後接到的那份朱諭就是對他的暗示。第二步是給有關官員打招呼。一是雍正的親信，要求他們要與年羹堯劃清界限，揭發年的劣跡，以爭取保全自身；一是年羹堯不喜歡的人，使他們知道皇帝要整治年羹堯了，讓他們站穩立場；一是與年羹堯關係一般的人，讓他們提高警惕，疏遠和擺脫年羹堯，不要站錯了隊。這就為公開處治年羹堯做好了準備。

第三步把矛頭直接指向年羹堯，將其調離西安老巢。

到了三年正月，雍正對年羹堯的不滿開始公開化。年羹堯指使陝西巡撫胡期恒參奏陝西驛道金南瑛一事，雍正說這是年任用私人、亂結朋黨的做法，不予准奏。

年羹堯曾經參劾四川巡撫蔡珽威逼所屬知府蔣興仁致死，蔡珽因此被罷官，經審訊後定為斬監候；而年羹堯的私人王景灝得以出任四川巡撫。這時雍正已經暗下決心要打擊年羹堯，蔡珽被押到北京後，雍正不同意刑部把他監禁起來，反而特地召見他。蔡珽陳述了自己在任時因對抗年羹堯而遭誣陷的情況，又上奏了年羹堯「貪暴」的種種情形。雍正於是傳諭說：「蔡珽是年羹堯參奏的，若把他繩之以法，人們一定會認為是朕聽了年羹堯的話才殺他的。這樣就讓年羹堯操持了朝廷威福之柄。」因此，雍正不僅沒有給蔡珽治罪，而且升任他作了左都御史，成為對付年羹堯的得力工具。

雍正三年三月，出現了「日月合璧，五星聯珠」的所謂「祥瑞」，群臣稱賀，年羹堯也上賀表稱頌雍正夙興夜寐，勵精圖治。但表中字跡潦草，又一時疏忽把「朝乾夕惕」誤寫為「夕惕朝乾」。雍正抓住這個把柄借題發揮，說年羹堯本來不是一個辦事粗心的人，這次是故意不把「朝乾夕惕」四個字「歸之於朕耳」。並認為這是他「自恃己功，顯露不敬之意」，所以對他在青海立的戰功，「亦在朕許與不許之」。接著雍正更換了四川和陝西的官員，先將年羹堯的親信甘肅巡撫胡期恒革職，署理四川提督納泰調回京，使其不能在任所作亂。四月，解除年羹堯川陝總督職，命他交出撫遠大將軍印，調任杭州將軍。

最後一步是勒令年羹堯自裁。年羹堯調職後，內外官員更加看清形勢，紛紛揭發其罪狀。雍正以服從群臣所請為名，盡削年羹堯官職，並於當年九月下令捕拿年羹堯押送北京會審。十二月，朝廷議政大臣向雍正提交審判結果，給年羹堯開列九十二款大罪，請求立正典刑。其罪狀分別是：大逆罪五條，欺罔罪九條，僭越罪十六條，狂悖罪十三條，專擅罪六條，忌刻罪六條，殘忍罪四條，貪婪罪十八條，侵蝕罪十五條。

雍正說，這九十二款中應服極刑及立斬的就有三十多條，但念及年羹堯功勳卓著、名噪一時，「年大將軍」的威名舉國皆知，如果對其加以刑誅，恐怕天下人心不服，自己也難免要背上心狠手辣、殺戮功臣的惡名，於是表示開恩，賜其獄中自裁。年羹堯父兄族中任官者俱革職，嫡親子孫發遣邊地充軍，家產抄沒入官。叱吒一時的年大將軍以身敗名裂、家破人亡告終。

在電視劇《雍正王朝》中，年羹堯失勢後，估計到雍正不會放過自己，可能最終難逃一死，所以給其貼身家人巨額銀票，讓他帶著兩個懷孕的蒙古小妾遠走高飛、隱藏民間，以延續年家的香火。這個情節是不符合歷史事實的，因為這時的年羹堯不僅不是沒有子嗣，而且還不止一個兒子。《雍正王朝》還有一段劇情說，年羹堯是在雍正的另一寵臣李衛的監視之下於杭州的城門洞裡自盡的，也不準確，實際上他是死於北京。

關於雍正為何殺年羹堯，史學界向來有爭論。有人說是因為年想造反，又有人說年羹堯當年參與了雍正與諸兄弟的皇位之爭，雍正這樣做是殺人滅口。我們不妨分析一下這些說法：

犯上謀反，難成定讞

有一種觀點認為年羹堯的死是因為他想自立為皇帝。乾隆時學者蕭奭在《永憲錄》中提到，年羹堯與靜一道人、占象人鄒魯都曾商談過圖謀不軌的事。有的學者也持此說，認為「羹堯妄想做皇帝，最難令人君忍受，所以難逃一死」。而《清代軼聞》一書則記載了年羹堯失寵被奪兵權後，「當時其幕客有勸其叛者，年默然久之，夜觀天象，浩然長嘆曰：不諧矣。始改就臣節」。說明年確有稱帝之心，只因「事不諧」，方作罷「就臣節」。其實這種說法是沒有充分依據的。

在封建時代最注重名分，君臣大義是不可違背的，做臣子的就要恪守為臣之道，不要做超越本分的事情。

年羹堯的所作所為的確引起了雍正的極度不滿和某種猜疑。年羹堯本來就職高權重，又妄自尊大、違法亂紀、不守臣道，招來群臣的側目和皇帝的不滿與猜疑也是不可避免的。雍正是個自尊心很強的人，又喜歡表現自己，年羹堯的居功擅權將使皇帝落個受人支配的惡名，這是雍正所不能容忍的，也是雍正最痛恨的。雍正並沒有懼怕年羹堯之意，他一步一步地整治年羹堯，而年也只能俯首就範，一點也沒有反抗甚至防衛的能力，只有幻想雍正能看著舊日的情分而法外施恩。所以，他是反叛不了的。雍正曾說：「朕之不防年羹堯，非不為也，實有所不必也。」至於年羹堯圖謀不軌之事，明顯是給年羅織的罪名，既不能表示年要造反，也不能說明雍正真相信他要謀反。

從年羹堯來看，他一直也是忠於雍正的，甚至到了最後關頭也一直對雍正抱有很大幻想。

在被革川陝總督赴杭州將軍任上的途中，年羹堯幻想雍正會改變決定，因而逗留在江蘇儀征，觀望不前。結果這反使雍正非常惱怒，他在年羹堯調任杭州將軍所上的謝恩折上這樣批道：「看此光景，你並不知感悔。上蒼在上，朕若負你，天誅地滅；你若負朕，不知上蒼如何發落你也！……你這光景，是顧你臣節、不管朕之君道行事，總是譏諷文章、口是心非口氣，加朕以聽讒言、怪功臣之名。朕亦只得顧朕君道，而管不得你臣節也。只得天下後世，朕先占一個是字了。」雍正的這段朱批實際上已經十分清楚地發出了一個信號：他決心已定，必將最終除掉年羹堯。

直至年羹堯接到自裁的諭令，他也一直遲遲不肯動手，還在幻想雍正會下旨赦免他。但雍正已經下定決心，認為使其免遭凌遲酷刑、自裁以全名節已屬格外開恩，所以他應該「雖死亦當感涕」，因此年羹堯生路已絕。一個想要謀反的大臣怎麼會對皇帝有這種不切實際的幻想呢？雍正在給年羹堯的最後諭令上說：「爾自盡後，稍有含冤之意，則佛書所謂永墮地獄者，雖萬劫不能消汝罪孽也。」在永訣之時，雍正還用佛家說教，讓年心悅誠服，死而不敢怨皇帝。

殺人滅口，事出有因

還有一種觀點認為，年羹堯參與了雍正奪位的活動，雍正帝即位後反遭猜忌以至被殺。不只是稗官野史，一些學者也持這種看法。據說，康熙帝原已指定皇十四子胤禵繼位，雍正帝矯詔奪位，年羹堯也曾參與其中。他受雍正帝指使，擁兵威懾在四川的皇十四子胤禵，使其無法興兵爭位。雍正帝登基之初，對年羹堯大加恩賞，實際上是欲擒故縱，待時機成熟，即羅織罪名，卸磨殺驢，處死年羹堯這個知情之人。有人不同意此說，主要理由是雍正帝繼位時，年羹堯遠在西北，並未參與矯詔奪位，亦未必知曉其中內情。但客觀上講，當時年羹堯在其任內確有阻斷胤禵起兵東進的作用。

關於雍正帝篡改遺詔奪取皇位的情況，許多著述都進行了闡釋，閻崇年先生的《正說清朝十二帝》也有系統歸納，此不贅言。各家說法，見仁見智，莫衷一是。雍正即位一事，確實疑點很多。而他即位後，又先後處置了原來最為得力的助手年羹堯和隆科多，讓人更不禁要懷疑這是做賊心虛、殺人滅口。當然，這只能算是合理推定，尚無鐵證作為支撐，所以，這種懷疑套句俗語說就是：「事出有因，查無實據。」

我們暫且拋開雍正決心除掉年羹堯的真正動因不說，從年羹堯自身而言，他的死確實有點咎由自取。他自恃功高，妄自尊大，擅作威福，絲毫不知謙遜自保，不守為臣之道，做出超越臣子本分的事情，已為輿論所不容；而且他植黨營私，貪贓受賄，「公行不法，全無忌憚」，為國法所不容，也為雍正所忌恨。這就犯了功臣之大忌，勢必難得善終。所以《清史稿》上說，隆、年二人憑藉權勢，無複顧忌，罔作威福，即於覆滅，古聖所誡。

其實唐朝並不以肥胖為美

丁啟陣

唐朝人審視女性「以肥胖為美」的說法，相沿已久，流傳至廣。人們之所以認為唐朝女人以胖為美，依據主要有楊貴妃的體態以及唐代宮廷繪畫和仕女畫中的女子形象等。有專家在經過一番考證之後，斷言唐朝人審美的確是以肥胖為美的，並且指出了唐朝人以胖為美的若干原因：

唐朝經濟繁榮，人們有條件吃飽穿暖，保持健康豐滿的體格；唐朝文化開放，相容並包，心寬體胖；唐朝皇族身上的鮮卑血統，使他們天生喜愛健碩體魄的女性……頭頭是道，言之鑿鑿。實際上，這種說法是不準確的。

「簪花仕女」身材纖瘦

人們之所以認為唐朝女人以胖為美，依據主要有楊貴妃的體態以及唐代宮廷繪畫和仕女畫中的女子形象等。

其實，只要仔細看一下唐朝著名畫家閻立本的《步輦圖》和周昉的《簪花仕女圖》，不難發現，畫中的宮女、仕女，根本說不上肥胖。《步輦圖》中的九個宮女，簇擁著李世民緩緩而行，有抬輦子的，有打傘蓋的，有舉扇子的。看起來都有一把子力氣，絕非弱不禁風的病態美女。但是，看她們的身材，實在都是相當纖瘦的。《簪花仕女圖》中的女子大約是身分較為高貴、年齡稍大一些的緣故，身形略顯豐滿，但站立姿態無不娉婷婀娜，輕盈如春風拂柳。毫無疑問，她們的身材完全可以用「苗條」一詞來形容。

楊貴妃並非因胖受寵

至於楊貴妃，文獻中有體胖懼熱的記載。例如，《開元天寶遺事》說她「素有肉體，至夏苦熱」。但是，楊貴妃的「素有肉體」，絕沒到今天人們所說的肥胖程度。頂多就是有點肌肉而已，也就是《楊太真外傳》上所說的「微有肌也」。一個擅長舞蹈（《霓裳羽衣舞》是她的代表作）的人，平常肯定少不了肢體運動，有點肌肉是很正常的。楊貴妃的懼熱，其實不是因為她肥胖，而是因為她體質如此。《開元天寶遺事》記載，楊貴妃「每宿酒初消，多苦肺熱」，常於凌晨獨自去後花園吮吸花露，滋潤咽喉。為了潤肺，楊貴妃夏天每日要在口中含一塊清涼的玉魚。

沒有任何歷史文獻記載可以表明，楊貴妃受到唐明皇的寵愛，是因為她的肥胖或者說豐滿。實際情況是，唐明皇對楊貴妃身上的肌肉並不欣賞。《楊太真外傳》上說，有一次唐明皇在百花院便殿看《漢成帝內傳》，楊貴妃看見後，問他看什麼書。唐明皇笑著說：「不要問，知道了你會心裡難受的。」楊貴妃搶過書，看到書上寫著：「漢成帝獲飛燕，身輕欲不勝風。恐其飄翥，帝為造水晶盤，令宮人掌之而歌舞……」這時唐明皇就開她玩笑，說：「你就比她禁得起風吹。」楊貴妃不服，十分自信地表示，自己的《霓裳羽衣舞》超過了趙飛燕。

李白供奉翰林期間，奉旨所寫的《清平調詞》三首，歌詠楊貴妃的美麗和當時宮廷生活。其中第二首專寫楊貴妃之美，詩曰：「一枝紅豔露凝香，雲雨巫山枉斷腸。借問漢宮誰得似？可憐飛燕倚新妝。」

詩中將楊貴妃比作牡丹，比作趙飛燕。如果楊貴妃真的是肥胖之人，跟趙飛燕可以構成肥瘦兩極鮮明的對照，那麼，這種比擬就是嘲諷，就是忤逆了。很可能，楊貴妃本人也是欣賞趙飛燕，並且願意別人把自己比作趙飛燕的。據說，楊貴妃有「肥婢」的外號，這很可能是嫉妒、憎恨她的人（譬如梅妃）對她的一種咒罵。由此可見，當時人決不以肥胖為美。

「環肥燕瘦」始於蘇東坡

「環肥燕瘦」的說法，始於宋代文豪蘇東坡。蘇東坡《孫莘老求墨妙亭詩》有這樣兩句：「短長肥瘦各有態，玉環飛燕誰敢憎！」蘇東坡之所以把楊貴妃與趙飛燕當作肥瘦美的典型，有三種可能的原因：一、東坡先生自己體胖，欣賞一切肥胖的東西，包括書法、身材，拉出楊貴妃作為友軍，以壯門面；二、東坡先生效法陶淵明，好讀書不求甚解，誤把楊貴妃當作胖妞；三、東坡先生故意開玩笑，篡改典故，考進士的時候，上古聖賢的話他都敢杜撰，冤枉一下楊貴妃自然不在話下。因為蘇東坡文名顯赫，影響深遠，「環肥燕瘦」遂成家喻戶曉的「歷史知識」。

可以肯定，唐朝人的美女標準中，也是有苗條一項的。《次柳氏舊聞》、《唐語林》等文獻記載，唐明皇的兒子肅宗李亨還是太子的時候，被李林甫誣陷，處境危險，愁得他鬢髮皆白，遠離一切聲色娛樂，日子過得十分悽惶。唐明皇得知後，讓高力士派京兆尹（首都長安市長），「選人間女子細長白者五人，將以賜太子」。可見，玄宗時代選美標準，也跟今天一樣：身形苗條，身材高挑，皮膚白皙。

詩僧貫休的兩句詩，也可以證明唐人不以肥胖為美：為人無貴賤，莫學雞狗肥（《白雪歌》）。意思就是，人無論貴賤，都不應該養成肥胖的樣子。換言之，唐朝人的榮恥觀念中，有「以苗條細瘦為榮，以肥胖碩大為恥」一條。可見，唐朝人不但不以肥胖為美，簡直是極端憎恨肥胖的。

說唐朝人不以肥胖為美，還可以從唐詩中「細腰」、「窈窕」等詞語的使用情況，得到有力的印證。唐詩中，「細腰」、「窈窕」都是用來形容美女的。

「空城計」內幕：司馬懿為何故意放諸葛亮一馬？

韓撲

「空城計」故事讓人納悶的是：一向以能征善戰且老謀深算著稱的司馬懿為什麼竟中了諸葛亮的「空城計」？這背後究竟隱藏著什麼不為人道的玄機？

漏洞百出的「空城計」

在《三國演義》中，諸葛亮首次北伐受挫，安排各路人馬退回漢中，正待自己抽身之際，不料，司馬懿大軍突然出現在城外幾十里處，諸葛亮急中生智，兵行險招，玩了一手「空城計」，把司馬懿嚇跑了。

在正史中，孔明見街亭敗績，北伐受挫，戰局已經對己不利，於是迅速撤回漢中，並沒有再空耗軍力。而曹魏方面，大都督曹真見已經打退蜀漢，也沒有苦追。當時，司馬懿更是遠在宛城一線，根本不可能出現在街亭或西城。《三國演義》為了貶低曹真，並強調司馬懿是諸葛亮的最大對手，硬是把司馬懿移位到了街亭前線。其實，司馬懿是在後來才頂替曹真出現在蜀漢前線的。

其實，「空城計」也有其說法來源。《三國志．諸葛亮傳》的注裡，記有一段郭沖講的小故事：「亮屯於陽平，遣魏延諸軍並兵東下，亮惟留萬人守城。晉宣帝（司馬懿）率二十萬眾拒亮，而與延軍錯道，徑至前，當亮六十里所，偵候白宣帝說亮在城中兵少力弱。亮亦知宣帝垂至，已與相逼，欲前赴延軍，相去又遠，回跡反追，勢不相及，將士失色，莫知其計。亮意氣自若，敕軍中皆臥旗息鼓，不得妄出庵幔，又令大開四城門，埽地卻灑。宣帝常謂亮持重，而猥見勢弱，疑其有伏兵，於是引軍北趣山。明日蝕時，亮謂參佐拊手大笑曰：『司馬懿必謂吾怯，將有強伏，循山走矣。』候邏還白，如亮所言。宣帝后知，深以為恨。」史學界稱其為「郭沖三事」，後邊還有郭沖的「四事」和「五事」。這個郭沖是諸葛亮的粉絲，他講的故事都是盲目推重孔明的。這一段「郭沖三事」的情節，更是於史不符、於理不合，十分荒謬。

對於《三國演義》中的「空城計」，現在人都明白，司馬懿派幾個神射手過去射諸葛亮，或者派一個小隊過去火力偵察一下，或者乾脆圍城不動，立即就可以拆穿諸葛亮的把戲。光看見諸葛亮「搬個琴，擺個香爐，召兩個小孩子，在城樓上唱卡拉OK」（易中天語），老謀深算的司馬懿絕對不會愚蠢和膽怯到「扭頭就跑」的地步。這事情肯定是虛構的。問題是，羅貫中為什麼要這樣虛構呢？

養寇自重

《三國演義》中司馬懿的這個舉動，符合了他的身分與目的。他這次出兵，在曹真和郭淮看來，並不是幫他們，而是來搶功勞的。司馬懿此前在上庸幹掉孟達，已經立了首功；到街亭就破了馬謖，並先郭淮一步，取了列柳城，這次頭功也被他得了；如果在西城縣，司馬懿又撈到一個大的，拿下了諸葛亮，他就算全功了。

拿到全功看似非常完美，問題是，以後的仗還怎麼打？司馬懿功高震主，又搶了曹真的全部功勞，曹氏能放過他嗎？

司馬懿剛剛從被貶的狀態中恢復，立即立下全功，曹氏將沒法安置他，他的下場可想而知。所以，他需要諸葛亮繼續存在下去，就像《三國演義》中諸葛亮特地在華容道放過曹操一樣，這是一種權術。司馬需要在與諸葛的對壘中，進一步鞏固自己的地位，培植勢力，而不是一上來就跟草包曹真爭功，那樣只會再次闖禍。

所以，《三國演義》中「空城計」之後的章節，感覺到曹真對自己不滿的司馬懿，處處讓著功勞給曹真，自己則一再謹慎謙抑，勝則不求全勝，只要一步步小勝；敗則避免大敗，實力必須保全——司馬懿其實是把諸葛亮當成了自己棋盤中的一顆小棋子而已。

為將者，眼觀六路，耳聽八方。按正常的戰爭邏輯分析，出動十五萬大軍，前後方圓百里之內的虛實，都在大軍哨探耳目的監視之下，否則司馬懿敢到處亂撞嗎？何況，司馬懿根本就是只非常狡猾的老狐狸。諸葛亮城中的虛實，應該都在司馬懿的算度之中。

所以，兵臨城下時，他「止住三軍，自飛馬遠遠望之」，是在看孔明耍猴戲的醜態，而心裡笑他。次子司馬昭初生牛犢，不明進退的秘要，偏要替老爸點破。司馬懿嫌他年少輕狂，所以才要「教訓」一番。諸葛亮見司馬懿竟被自己「嚇退」，也覺意外，硬撐著得意炫耀一下。

在羅貫中筆下，這樣用心的細節，前後一定會有相似的小故事照應一下，作為提醒。前面諸葛亮一戰而擒夏侯楙，卻不殺他，而是放了他，成全他「戴罪立功」，繼續瞎指揮，那是因為諸葛看透了夏侯。如今空城之下，司馬放過諸葛，讓他繼續帶兵（諸葛若被幹掉，蜀漢統帥必然換成魏延，因為當時蔣琬太年輕，姜維也還是無名鼠輩），這是因為司馬已經透過馬謖和孟達的下場，看透了諸葛。

《三國演義》對諸葛亮搞掉孟達，也有明筆表現。歷史上，孟達錯判形勢，在給諸葛亮的信中，說司馬懿將起宛洛之兵對付自己，不過宛洛在千里之外，鞭長莫及，自己有充分時間準備叛亂。而《三國演義》中，這封信變成了諸葛亮寫給孟達的，擺明瞭是孔明在促使孟達誤判形勢。更妙的是，這二人的書信往來，被司馬懿截獲了，當時司馬的表現是「感嘆不已」，它對於孔明因小失大，因私廢公的做法，已經有了清晰的認識。

後面，司馬懿做了兩件事，一是在陳倉布置了郝昭，算定諸葛亮會來（正史上卻是曹真的功勞）；二是回到朝廷，向曹叡奏道：「今蜀兵見在漢中，未盡剿滅，臣乞天下之兵並力收川，以報陛下。」這是在要軍權，立刻便被曹魏嫡系的尚書孫資制止了，稱只要曹魏謹守邊境，讓敵人「自相殘害」，吳、蜀可以不戰而敗。

曹叡「大悟」，馬上就威脅性地問司馬懿：「此論如何？」司馬懿的野心被看穿，只好說：「此乃公論易安之理也。」此後，他就再沒有提過類似的要求，而且一直在裝孫子示弱、保持實力。

司馬懿和諸葛亮的默契

總之，羅貫中在「空城計」前後所塑造的諸葛與司馬的策略對比，可以讓我們感受到這二人的性格所帶來的不同人生選擇：一個是強出頭，一個是有意示弱。諸葛亮在蜀漢內部是強勢，在對曹魏時，蜀漢卻是弱勢；司馬懿在曹魏內部是弱勢，但曹魏對蜀漢卻是強勢。司馬不愁勝仗，卻擔憂自己的處境；諸葛不愁自己的地位，卻缺少勝仗為國家打開局面。相比之下，司馬懿的處境更難一些，所以他的應對也顯得更聰明，對後人更有借鑒意義。

像司馬懿這樣特地放對手一馬，以作為自己要脅軍權籌碼的，在戰史上也多有案例，其主角也無一例外，都是野心家，比如桓溫、劉裕、安祿山那樣的人。

丘處機勸誡成吉思汗真相

金點強

金庸先生在《射雕英雄傳》中講述過這樣一件事情：暮年成吉思汗年老體衰，他聞聽「全真七子」之一的丘處機有養生長壽秘訣，便派人下詔請丘處機前往汗帳，想向他討教長生之術。丘處機欣然應命，率領門徒不遠萬里前往西域大雪山，向成吉思汗進諫治國之本。那麼，歷史果真如此嗎？

在小說中，為了突出郭靖的大俠形象，金庸將丘處機的「西行」處理得並不突出。然而在真實的歷史中，丘處機師徒這一路卻頗不平凡。他們歷經磨難，甚至付出生命，最終得以面勸成吉思汗體恤百姓，解救萬千黎民蒼生。可以說，丘處機的貢獻恐怕要比郭靖大得多。

被傳活了三百歲

丘處機生於一一四八年，山東人，自號「長春子」，曾拜全真教創始人王重陽為師，是著名的「全真七子」之一。一二一七年，他成為全真教第五任掌門。當時，由於戰亂紛繁、民生疾苦，很多人為尋找心靈寄託紛紛加入全真教，全真教在北方聲名大振。而年屆七旬的丘處機鶴髮童顏、碧眼方瞳，於是外界紛紛傳說他精通「長生不老之術」和「治天下之術」。這些傳言也傳到了率軍西征花剌子模國的成吉思汗耳朵裡。此時的大汗已是耳順之年，感到精力日衰、老之將至，身邊人又向他進言，丘處機行年三百餘歲，肯定有長生之術。這樣的神仙應該趕緊請來。於是，一二一九年，成吉思汗寫下一封言詞謙虛、懇切的詔書，派劉仲祿前去邀請丘處機。

起初，接到詔書的丘處機頗感為難，全真教一向主張清心寡欲、清靜無為，不希望與亂世的政治有任何瓜葛。為此，他曾先後拒絕過金和南宋的邀請。但丘處機審時度勢，認為蒙古統治者很有可能一統天下。為了全真教的發展，他最終決定應詔。同時，他也想借機為民請命，勸蒙古大汗少殺無辜。

弟子命喪西行途中

一二一九年臘月，丘處機帶領尹志平、李志常等十八位弟子從山東啟程西行。次年二月二十日，他們抵達當時蒙古統治下的燕京（今北京），當地官吏、士庶、僧道紛紛前往盧溝橋迎接這位大汗請來的神仙。而求丘處機題字簽名的平民更是絡繹不絕，他們希望有了丘處機的墨寶做護身符，就能免受蒙古大軍的燒殺搶掠。

此時，率軍西征的成吉思汗卻越行越遠，丘處機眼見在燕京見不到成吉思汗，便上書

《陳情表》表明自己年事已高，並無治國才能，盼望能等大汗東返後陛見。劉仲祿以為丘處機是在講條件，就建議選一些漂亮女孩隨行，沒想到這一下子激怒了丘處機。劉仲祿慌忙派人將情況告知大汗。成吉思汗則再次下詔懇切催促丘處機西行。一二二一年二月八日，丘處機不顧年邁體衰，踏上萬里征途，向塞北高原挺進，開始了一年多的西行之旅。

當丘處機到達成吉思汗四弟斡辰的駐地貝加爾湖時，斡辰也想向他請教延年益壽之事。沒曾想，正當丘處機準備向他講授之時，突然風雪大作，斡辰大驚，認為是自己想搶在大汗哥哥前面得知長生秘術引起了天怒，於是只好作罷。

西行途中的艱苦更不必說，他們時常要受到沙塵暴、流沙的襲擾。艱難的時候，車子陷到流沙裡，馬兒停滯不前，人想挪動一步都很困難。丘處機的隨行弟子之一趙九古甚至病死在了西行路上。

相處一載，神仙傳道

一二二二年初夏，丘處機終於到達了大雪山（今阿富汗興都庫什山），見到了成吉思汗。成吉思汗見丘處機果真是仙風道骨，十分高興，便開門見山地向他討要長生之術和長生不老藥。丘處機顯然早有心理準備，他說：「世界上只有衛生之道，而無長生之藥。」短命之人皆因「不懂衛生之道。」而衛生之道以「清心寡欲為要」，即「一要清除雜念，二要減少私欲，三要保持心地寧靜。」

在後來二人朝夕相處的日子裡，丘處機還不斷以身邊小事來勸誡成吉思汗。一次，成吉思汗打獵射殺一隻野豬時突然馬失前蹄，可野豬卻不敢撲向成吉思汗。事後，丘處機便入諫說：「上天有好生之德，陛下現在聖壽已高，應該少出去打獵。墜馬，正是上天告誡陛下。而野豬不敢靠近，是上天在保護著陛下。」成吉思汗對此十分信服，告訴左右人說：「只要是神仙的勸告，以後都照做。」成吉思汗過橋時，橋一下子被雷劈斷了。丘處機便說，這是上天在警告不孝順父母的蒙古人。於是，成吉思汗就詔告國人，聽從神仙的指示，要盡孝道。丘處機還多次勸導成吉思汗，治理天下之術以「敬天愛民」為本，應該體恤百姓疾苦，保護黎民生命。

雖然丘處機開出的這些「秘方」並非成吉思汗真正所需，也沒有完全得到他的認可，但還是在一定程度上減輕了蒙古統治者對漢人的殘酷殺戮。康熙帝曾對此讚道：「一言止殺，始知濟世有奇功。」

解救數萬黎民百姓

到一二二三年春，丘處機已在成吉思汗身邊待了一個年頭。由於不適應高原氣候，加上思念故土，丘處機決定東歸。三月，大汗依依不捨地與丘處機辭別，並賜給他許多金銀財寶，卻遭到謝絕。於是，成吉思汗下詔免除全真教徒的賦稅，並派人率騎兵五千護送他返鄉。

歸心似箭的丘處機僅用了四個月就走完了來時的路。成吉思汗也傳來聖旨，詢問他歸途是否順利、現在住得合不合適，並說：「朕常念神仙，神仙勿忘朕！」後來，成吉思汗又賜給丘處機虎符璽書，並命燕京行省將原金朝的御花園賞給全真教建造宮觀。從此，丘處機得以弘揚全真教、廣建道觀，掌管天下道教，取得了相當於蒙古國國師的地位。憑著虎符璽書，丘處機還解救了大批中原人，使兩三萬被蒙古掠奪為奴的人重獲自由。

一二二七年，丘處機病死，時年七十九歲。他死後，弟子李志常編撰《長春真人西遊記》，記述了這段不平凡的旅程。由於丘處機的足跡遍及今蒙古、吉爾吉斯斯坦、哈薩克斯坦、烏茲別克斯坦、阿富汗等國，該書也成為後人研究十三世紀中亞歷史與文化的第一手資料，並相繼有俄文、法文、英文譯本問世。

揭密：楊乃武與小白菜案實情

王策來

發生在清代同治、光緒年間的「楊乃武與小白菜」一案，是晚清四大奇案之首。當時鬧得朝野聳動、家喻戶曉。上個世紀九〇年代，陶慧敏主演的電視劇版《楊乃武與小白菜》更是讓這個故事婦孺皆知，後來，這個故事又推出了新的版本。霍思燕扮演的新「小白菜」從逆來順受的傳統女性變成了一個勇於追求愛情、抗爭命運的「新女性」。影視藝術形式的「楊乃武與小白菜」已廣為人知。然而，歷史上這一冤案的事實真相卻鮮為人知，那麼，「楊乃武與小白菜案」的實際案情是怎樣的呢？

姿色出眾的畢秀姑，人稱小白菜，其夫患病而死，卻被縣令劉錫彤誣為與楊乃武通姦謀殺，並且施用酷刑逼供，屈打成招。但是由於楊乃武家人不斷上告，又加上朝廷政治鬥爭的機遇，楊乃武、小白菜得以昭雪。楊乃武、小白菜是小人物，牽出的社會背景卻是紛繁複雜，引發出的案件情節跌宕起伏，所以楊乃武、小白菜的故事流傳至今仍然耐人尋味。

楊乃武、小白菜與葛品連

楊乃武於道光十六年（1836年）生於浙江省余杭縣城內（今浙江省杭州市余杭區余杭鎮）一個小康之家，自幼勤奮好學，為人正直。楊乃武結過三次婚，首為吳氏，次為大楊詹氏，後死於難產。繼娶小楊詹氏，即案發時之妻，後直至終老。

小白菜本名畢生姑，乳名阿生，小楊乃武十五歲，其父畢承祥，後來一些文藝作品中稱她為畢秀姑。小白菜八歲時隨母再嫁到余杭縣城，其母嫁給喻敬天為妻，小白菜稱喻為繼父。與楊乃武是鄰居，與葛品連也是鄰居。葛品連之父葛奉來，早年死亡。葛品連之母也是帶子再嫁給沈體仁為妻，沈體仁則是葛品連的繼父。小白菜十一歲時，經其母喻王氏與葛品連之母沈喻氏訂明，將小白菜嫁給葛品連為妻。葛品連成年後由繼父將其薦至豆腐店當夥計。小白菜十六歲時，葛品連便想將小白菜娶過門。小白菜與葛品連於同治十一年三月初四成親，小白菜即為葛畢氏。

此時，楊乃武正好在澄清巷口新造樓房三間。造房時由沈體仁監工，得知楊乃武還有新房多餘出租，就告訴了葛品連之母沈喻氏，沈喻氏通過趙蘭榮，向楊乃武租了樓房一間給小白菜夫婦居住，每月租金八百文，楊乃武和小白菜就在同一樓房內居住。葛品連仍在豆腐店幫夥，由於早上起得很早，有時晚上就宿在店中。小白菜一人在家，閑來無事，經常去楊乃武家中走走，有時就在楊乃武家與楊乃武同桌吃飯。小白菜還學起誦經，因識字不多，就請楊乃武教。開始，大楊詹氏還在，小白菜與楊乃武來往頻繁不至被人非議。同治十一年九月初八日，大楊詹氏因難產去世，整座樓房有時就只剩楊乃武和小白菜兩人。小白菜仍和以前一樣，不避嫌疑，與楊乃武來往甚密。後來有關楊乃武和小白菜有姦情的流言街坊鄰里都知道了。小白菜夫婦在楊乃武處住了一年以後，楊乃武提出要求把房租增至每月一千文。小白菜夫婦覺得難以承受，就另行租了太平巷王心培隔壁的房子居住。

大楊詹氏死後三個月，楊乃武和小楊詹氏即詹彩鳳結了婚。次年八月，楊乃武參加癸酉科鄉試，中了浙江省第一〇四名舉人。

案情發端

同治十二年十月九日，在豆腐店幫夥的葛品連因身體不適回家，途中數次嘔吐。大約早飯也未吃，便在糕點店買了粉團吃。到了家門口，還嘔吐不止。到家後就躺到了床上，他自以為又得了流火疾，便要小白菜去買桂圓和東洋參煎服。葛品連服用後並未見好，病情反而更為沉重。午後，葛品連病情沉重。延至申時，葛品連便死了。

葛品連死後的第二天晚上，屍體的口、鼻內竟流出血水。葛品連的義母馮許氏見後懷疑葛品連是中毒而死，便與沈喻氏等眾親友商議，請求官府前來驗屍，以驗明葛品連是否中毒致死。如為中毒而死，則請查根究底。此事告知了地保王林，當晚便請人寫好了呈詞。次日一大早，在地保王林的陪伴下，沈喻氏便向縣衙提交了要求驗屍的呈詞。

知縣初訊

余杭縣知縣劉錫彤，時已年近七十。劉錫彤接下呈詞，正準備與仵作沈祥及門丁沈彩泉等前去勘驗，恰好生員陳竹山來衙為劉知縣診病。陳竹山與劉錫彤關係密切，常來常往。於是一邊診病一邊就談起了即將去勘驗的事。陳竹山得知是為葛品連驗明死因，就把他在走街串巷時所聽說的有關楊乃武和小白菜之間的傳聞告知了劉錫彤，還說，街坊鄰居都認為葛品連之死是楊乃武和小白菜因奸謀毒所致。

之後，劉錫彤帶著仵作沈祥及門丁沈彩泉來到了葛品連停屍處。仵作沈祥驗得葛品連屍身仰面作淡青色，口、鼻內有淡血水流出，身上起有大泡十餘個。但用銀針刺探喉部卻呈青黑色，擦之不去，不似是砒毒之徵，心下疑惑。於是只是向知縣稟報說是中毒身死，卻未報何毒致死。劉錫彤也未問。沈彩泉問沈祥，沈祥說可能是生煙土中毒致死。沈彩泉說不可能是生煙土，服生煙土皆為自服，是自殺，不是他殺，肯定是砒毒致死。沈祥不服，便與沈彩泉爭執了起來。本來試毒的銀針應該用皂角水多次擦洗，結果也都忘了。劉錫彤惑於陳竹山之言，竟相信了沈彩泉的話，認為葛品連是砒霜中毒而死。當即將小白菜叫來訊問，問她「毒從何來？」小白菜答「不知」。劉錫彤即將小白菜帶回縣衙審問。

劉錫彤將小白菜帶回縣衙後，對其進行嚴刑拷打。據當年《申報》載，小白菜受的刑是「燒紅鐵絲刺乳，錫龍滾水澆背」。酷刑之下，小白菜作了與楊乃武系因姦情而謀害親夫葛品連致死的供述。

小白菜作完口供後，已是次日凌晨三更，劉錫彤一得到小白菜的供詞，立即派一王姓書辦並帶民壯阮德等前往抓捕楊乃武。阮德和書辦將楊乃武強行帶到縣衙。楊乃武半夜三更平白無故被強行帶至縣衙，窩了一肚子的火。當知縣訊問時，不但否認與小白菜因奸謀毒之事，還以粗暴的態度頂撞劉錫彤，使劉錫彤大為惱火。楊乃武得知小白菜的供認說是初五交給其砒霜。於是，托人要求岳母本家親友為其作證，證明其初五日在南鄉除靈立繼，初六日才回余杭城內，意在否定小白菜供認的初五日交砒霜的事實。楊乃武岳父的乾兄弟監生吳玉琨、楊乃武岳父之侄詹善政、楊乃武的堂兄增生楊恭治及沈兆行、馮殿貴等人即按此要求向余杭知縣遞交了公稟。

由於楊乃武有舉人身分，系天子門生，不能用刑。劉錫彤束手無策，無法獲取定案的口供。次日，便呈報杭州知府，要求革去楊乃武的舉人身分。杭州知府陳魯又通過浙江巡撫楊昌浚向朝廷具題。同治皇帝在楊昌浚的具題上親批：「楊乃武著革去舉人，其因奸謀死本夫情由，著該撫審擬。」

杭州府再審

葛品連死後第十天，即同治十二年十月二十日，劉錫彤便將楊乃武和小白菜及全案卷宗解至杭州府。但楊恭治、吳玉琨、詹善政等人為楊乃武所作的初六日才回余杭城內的公稟卻被劉錫彤壓下了，沒有隨卷宗上呈杭州知府。

此時楊乃武革去舉人的御批已下，知府陳魯便動用大刑，楊乃武熬刑不過，只得承認與小白菜因奸謀毒之事。當陳魯追問砒霜來源時，楊乃武便編造了從杭州辦完中舉手續回余杭的途中，在本已熟識的倉前鎮愛仁堂藥店「錢寶生」處以毒鼠為名購得的。陳魯得到這一口供，以為案情已經大白，便叫劉錫彤將錢寶生的證詞取來。

「錢寶生」來到縣衙後，說自己不叫錢寶生，叫錢鹿鳴，又名錢坦，也沒有賣砒霜給楊乃武。劉錫彤對錢坦軟硬兼施，並表示不會追究其賣砒霜的罪責，也不會把他送到杭州府作證，並給錢坦寫了書面保證。錢坦後來同意按劉錫彤的意思作證。

陳魯得到「錢寶生」的證詞，又有楊乃武和小白菜的供認，就認為鐵證如山，可以定罪判刑。同治十二年十一月初六日，杭州知府陳魯作出判決，以因奸謀殺親夫罪處小白菜凌遲之刑，以授意謀害他人親夫處楊乃武斬立決，上報浙江按察使。

浙江按察使蒯賀蓀，開始覺得案有可疑。因為楊乃武乃是個舉人，他自己也是個舉人。他不太相信一個舉人會為一個女子而拋棄自己的前程不說，還得賠上自己的性命。於是，他找來劉錫彤，詢及本案的經過情況，是否有不正常的情況。這劉錫彤向按察使拍胸脯保證，說此案鐵證如山，絕無冤屈。蒯賀蓀見此，也就放心了。遂將案件按照杭州知府的意見上報浙江巡撫楊昌濬。

在此期間，楊乃武在獄中，書寫了關於自己是被屈打成招的申訴材料，由其妻小楊詹氏即詹彩鳳向杭州各衙門申訴，但沒有引起浙江巡撫及臬司等地方官員的重視。

到北京告「御狀」

同治十三年四月，楊乃武之姐葉楊氏隨帶楊乃武岳母家的長工王廷南、王阿木，從上海乘輪船到北京，經在京的同鄉京官指點，向都察院遞交由楊乃武所寫的申訴材料。事先商定由王廷南進都察院遞交，臨進都察院前，王廷南說自己目力不濟，要王阿木進去遞交。這王阿木就說自己是王廷南。這樣，王阿木就被當作王廷南遞解回浙江杭州。

都察院接受了楊乃武的呈詞後，就下文給浙江巡撫，要求復審此案。楊昌濬將此案交杭州知府陳魯復審，結果當然只能維持原來的判決。

由於楊乃武之妻小楊詹氏多次在杭州各衙門鳴冤叫屈，杭州城內大街小巷傳言紛紛。此事引起了當時紅極一時的紅頂商人、江南藥王胡雪巖的關注。楊乃武之妻得到了胡雪巖的資助，有了再次進京的經濟能力。同治十三年九月，楊乃武之妻詹彩鳳隨帶其娘家幫工姚士法，攜帶楊乃武的呈控材料去北京，向步軍統領衙門遞交了這一材料。步軍統領衙門將楊乃武的申訴情況上奏皇上，皇上諭旨，將此案交浙江巡撫楊昌濬督同臬司親提嚴訊。但楊昌濬並未親提嚴訊，而是將此案交給剛到任的湖州知府錫光以及紹興知府龔嘉俊、富陽知縣許嘉德、黃岩知縣陳寶善共同審理此案。湖州知府錫光參與幾次審理後，即找了個藉口不再參與審理，不知原因何在。後來主要由龔太守審理此案，但不久便遇到同治皇帝駕崩等國家大事，又碰上全國性的考試，所以此案一拖再拖結不了案。

刑部大審

由於案件久拖不決，社會影響又大，刑部給事中王書瑞上奏要求重審此案。兩宮皇太后命浙江學政胡瑞瀾復審。胡官居學政，雖通學術，卻不諳刑名，難以勝任，兼之素與楊昌濬相熟，也未能推翻原判。

此後，該案又經歷重重周折，送達刑部。刑部在審查案卷過程中發現了一些疑點。浙江籍的京官也非常關心家鄉這一轟動全國大案的審理情況。他們經綜合各方面的情況分析判斷，認為本案是一起冤案。於是他們聯名向都察院提交呈狀，根據刑部提出的前述案中疑點，又增加了他們聽聞來自家鄉的消息。都察院接到呈詞後，即向兩宮皇太后、皇上奏請。兩宮皇太后竟批准了都察院的奏請。

刑部接下此案後，便調集本案的有關證人及楊乃武和小白菜進京。由於當時本案的主要證人錢坦已死，刑部也無法依靠證人的證詞和人犯的口供定案。雖然在審理時發現楊乃武和小白菜都受過酷刑，與楊昌濬具題、胡瑞瀾上奏中所說的並無刑訊一節顯有不符，且楊乃武和小白菜也都推翻了原先因奸謀毒的供述，但刑部認為僅憑這些也難以定案。在審問進京人證的過程中，刑部官員發現余杭縣令劉錫彤所勘驗的葛品連中毒身死的屍體勘驗結論值得懷疑。於是經請得旨意，將葛品連的屍棺運至北京，重新勘驗葛品連的死因。

光緒二年十二月九日，刑部在北京海會寺開棺驗屍。由於此案影響很大，所以前來觀看開棺驗屍的人非常多。經仵作荀義、連順喝報，驗得葛品連周身大小骨殖均呈黃白色，確屬無毒因病而死。在場的劉錫彤以及原驗仵作沈祥也都不得不認可了這一鑒定結論。刑部官員還訊問劉錫彤、沈祥原驗情況，兩人承認，原驗時，試毒銀針並未按要求用皂角水反復擦洗，不符合朝廷規定的檢驗要求；沈祥向劉錫彤只報服毒而死，卻未報何毒致死，等等。

據此可見，楊乃武和小白菜的確冤枉。他們原來所作「因奸謀毒」的有罪供述顯然均為虛假。於是，刑部上奏皇上，革去了劉錫彤知縣之職。其他相關審理官員也各自因審理不利而遭受處罰。楊昌濬、胡瑞瀾、陳魯等皆被革職，劉錫彤則被從重處罰，發往黑龍江效力贖罪，且不准收贖。沈祥被判杖八十並徒刑二年，沈彩泉被判杖一百並流二千里。楊乃武、小白菜冤屈被洗刷，但亦被處杖八十與杖一百。至此，案件審結，其時為光緒三年二月十六日，案件審理全過程歷時約四年。

楊乃武回到余杭後，曾去上海《申報》做過事，不久仍回余杭，以種桑養蠶度日。於一九一四年病故，享年七十四歲。小白菜回到余杭後，終因親友無靠，衣食無著，真的入庵做了尼姑，法名慧定。小白菜於一九三〇年圓寂，享年七十五歲。

代父從軍花木蘭的真相：其實她不姓「花」

韓撲

人們熟悉的《木蘭詩》究竟是什麼時代的產物，木蘭為什麼姓花，她的家鄉究竟在哪裡？

中學課文裡選的民歌《木蘭詩》，很多人成年後仍能背誦，可是細勘詩句，卻總感覺味道很怪。因為，這是一首很雜糅的詩歌，詩句的後面似乎藏著不同時代的聲音。南北朝時代落日的餘暉，令木蘭從軍征戰的故事，留下長長短短的暗影，一直投射到當代人的書卷旁邊。

《木蘭詩》的自相矛盾

翻開《木蘭詩》的原文，可以看到裡邊的時代符號錯綜糾纏，這裡先列幾個關鍵字出來——

機杼：木蘭在家裡織布，後文還有「出郭相扶將」，說明木蘭的家是在城市範圍內的。這個關鍵字說明木蘭家過著漢人的生產方式，至少是漢化的鮮卑人。

昨夜：這個有意思了，為什麼朝廷要在夜間把出征名冊通知到戶呢？按照我們的生活常識，不應該是白天張大榜公布嗎？這恐怕就是北方遊牧民族的遺習了。北方部落，白天出去放牧，夜裡才回到部落，所以大事軍務，都在夜間通告到戶。北魏鮮卑人入中原不久，還應該保持著這一遺習。

軍書：即兵冊。北朝時，世兵制過渡到府兵制，軍戶、士家世代出兵員，父退子繼，戶口也與民戶不同，平時生產、訓練，戰時出征。北朝和隋初時，這樣的家庭，社會地位低於民戶，但高於奴婢。隋煬帝時，軍戶編入民籍，差別消失。

可汗、天子：詩句裡邊上一句「可汗」（「可汗大點兵」），下一句「天子」（「歸來見天子」），指的都是同一人，就是皇帝，遊牧民族稱其為「可汗」，漢族稱其為「天子」。這樣混亂的稱呼，應當是因為北魏孝文帝開始強制漢化，不說漢語就不許當公務員，而民間趕緊改口，但改口不久，時時仍要冒出一點「口音」的緣故。據考，一直到隋代，有些鮮卑族的軍戶還是時有口音的。

市鞍馬：這一段非常奇異。木蘭去掃街，買了一大堆裝備回來。怪了，為國出征，難道要自帶裝備？唐代以前，世兵或府兵由國家提供裝備、補給，而從唐代起，府兵要自帶裝備、補給，所以，這一段的描寫背景不會早於唐代初期。至於裡邊東南西北各買一樣的寫法，叫做互文，形容木蘭掃街，跑了很大一圈，很認真地置辦裝備，為後文木蘭能夠作戰立功進行鋪墊。

十二：文中三次出現十二，軍書是十二卷，策勳是十二轉，出征居然也是十二年。這顯然是約數。古人習慣以虛數入詩，如三、九、十、十二、千、萬等，但十二用得這樣頻繁，說明隋唐之際，十二是比較被習慣入詩的一個流行的數字。

黑山：不是遼寧的黑山。有考據稱，這裡的黑山即「殺虎山」，在今內蒙古自治區呼和浩特市東南百里。

燕山：也不是北京的燕山，而是「燕然山」，即今蒙古人民共和國境內的杭愛山。「殺虎山」和「燕然山」一帶，都是北魏與柔然間大戰的著名戰場。

策勳：隋開皇初年，採後周之制，置上柱國以下十一等，以酬勳勞。「十二級」的戎勳制度確立於唐高祖武德七年。這又是唐朝時候的事情了。

花黃：即額黃、眉間黃。這種妝扮起源於北周。原來，北周宣帝宇文斌禁止天下婦女施粉黛，除了嬪妃宮女，都得「黃眉墨妝」。這說明《木蘭詩》產生年代不能早於北周宣帝末年。但，到唐時花黃已不流行了。

紅妝：姐姐歡迎妹妹，「當戶理紅妝」。紅妝是胭脂，屬於施粉黛之列，說明這個姐姐又是唐朝人。

這麼一分析，就徹底糊塗了：怎麼一會兒是這一朝，一會兒是那一代？所以，歷代人就

《木蘭詩》產生的年代眾說紛紜，各執一詞。說它是北魏時創作的，舉黑山、燕山的例子；說是唐朝創作的，就舉策勳、紅妝的例子。

創作過程的時代真相

作為後人，筆者對這些考據精深的古人，也只好禮貌地說一句：你們一開始就搞錯了。不要忘了，《木蘭詩》是一首民歌。最早在南陳時，有個和尚叫智匠，編了一本《古今樂錄》，「歌辭有《木蘭》一曲」。劉宋朝郭茂倩編《樂府詩集》，在《木蘭詩》的注解中稱「不知起於何代」，意思是沒有確切的創作年代。

北朝同一時期的民歌開頭用起興手法，往往異曲同詞，如《折楊柳》中有一首，前面六句是：「敕敕何力力，女子當窗織。不聞機杼聲，唯聞女嘆息。問女何所思？問女何所憶？」《木蘭詩》開頭的起興，顯然與《折楊柳》同源，再加上詩中的一些關鍵字和細節，可以證明，《木蘭詩》的雛形產生於北朝是無疑的；到南朝梁陳之時曲辭流傳到南方，得到記載和整理；到唐朝，有一個叫韋元甫的朔方節度使，在民間又得到這首已經流變了很多年的民歌，再次整理潤色出來，很可能還參照了《古今樂錄》的版本，於是才有了《木蘭詩》最終的版本。

現代人的歌詞裡唱「東邊牧馬，西邊放羊」，那麼，真實的生活裡就不到西邊去牧馬，不在東邊去放羊了嗎？這個跟「開我東閣門，坐我西閣床。脫我戰時袍，著我舊時裳。當窗理雲鬢，對鏡貼花黃」一樣，也都是互文，是趣味化的鋪陳。北朝，是性情奔放的年代，女人牧馬、放羊、打仗，都是很厲害的，絲毫不讓鬚眉。所以，木蘭的故事，應該是有很多的個案為其衍生的素材。

民歌體裁作品的產生、流傳、變化和整理完成，一般都要經歷過一個很長的發酵時間，不可能一蹴而就。《木蘭詩》之中雜糅了各個時代的印記，正是這一文學規律的極好注解。

木蘭的「姓」從哪裡來

現在說木蘭，就是「花木蘭」。其實，在歷史上很長時間內，她都並不姓「花」。因為詩裡沒有提到她的姓，所以《大明一統志》中說，木蘭姓朱；《大清一統志》則說木蘭姓魏。我們現在的說法來自徐渭徐文長，他的《四聲猿傳奇》一口咬定木蘭姓花。此說隨著清代戲曲的興盛而在民間得以廣泛流行，甚至還敷衍出了木蘭的阿爺叫花弧，紅妝的阿姊叫花木蓮，磨刀的弟弟叫花雄，母親是花袁氏。其實，這都是後人附會的，準確地說，是編的。那麼，木蘭是哪裡人呢？

這個問題本來沒有意義，但在眼下這個連沙和尚都已經被找到故里的時代，木蘭的故鄉在何處，確實很可能影響所在地的旅遊經濟，乃至投資項目，所以這個問題不僅有意義，意義還很迫切。

過去的說法有——

元朝劉廷直撰《木蘭碑》，稱木蘭是直隸完縣人，《完縣誌》後來的相應記載也支援這種說法。

河南《商丘縣誌》明確記載，木蘭為商丘人（還有後代和祠堂呢），而且木蘭生日都有，是農曆四月初八。

姚瑩《康輶紀行》稱木蘭是甘肅武威人。

《大清一統志》又以為，木蘭為潁州譙郡城東魏村人（今安徽亳州市譙城區），這個落實到村一級了，而且也有祠堂。

現在，要讓我說，木蘭當然是東北人！（這當然只是個玩笑罷了。不過也有不是玩笑的成分，木蘭是鮮卑人，鮮卑人的故土，則正是在東北。）

東方「福爾摩斯」狄仁傑的真臉譜

孫彥博

央視熱播的大戲《神探狄仁傑》，案件撲朔迷離，情節跌宕起伏。畫面中狄仁傑鎮定自若，深邃的眼神審視現場，人命官司正朝著他的推斷一步步水落石出，所有人的心思都跟著他到了案發現場……

他真的有如此之神嗎？多年為官的他，能夠觸及皇室威權而不倒，這究竟是什麼原因呢？

現在大多數中國人對狄仁傑的認識，有很大一部分源自荷蘭的漢學大師高羅佩博士對狄仁傑的描述。他的偵探小說《狄公案》發行一百多萬冊，並被譯成多種外文出版。由此人們大多知道了狄仁傑是破案高手，卻很少注意到他的為官之道。歷史上女性掌權通常多疑而嗜殺，而武則天作為歷史上唯一稱帝的女性更是其中的典型人物。高處不勝寒，在這樣一位女皇的身邊，狄仁傑能多年身處高位而不衰，他自然有其獨到之處。

生而大丈夫

唐高宗儀鳳年間（676年~679年），年近不惑的狄仁傑升任大理丞，一年之內判決了大量的積壓案件，涉及一萬七千餘人，無冤訴者，一時名聲大振，成為朝野推崇備至的斷案如神、懲奸除惡的大法官。狄公斷案如神莫如說他從來就沒有「三思而後行」，沒有忌憚那涉案其中的官紳名流。他因斷案出名，那是「果」，而狄仁傑的直諫，他的忠君之道才是「因」，真正保全了他。

儀鳳元年（676年），武衛大將軍權善才誤砍昭陵柏樹，唐高宗大怒，命令賜死。狄仁傑奏罪不當死，唐高宗疾言厲色地說：「善才斫陵上樹，是使我不孝，必須殺之！」狄仁傑神色不變，據法說理：「犯言直諫，自古以為難。臣以為遇桀、紂則難，通堯、舜則易。今法不至死而陛下特殺之，是法不信於人也，人何措其手足！今陛下以昭陵一株柏殺一將軍，千載之後，謂陛下為何主？此臣不敢奉制殺善才，陷陛下於不道。」終於迫使唐高宗改變了主意，赦免了權善才的死罪。

不久，狄仁傑被唐高宗任命為侍御史，負責審判案件，糾劾百官。調露元年（679年），司農卿韋弘機建宿羽、高山、上陽等宮，寬敞壯麗。狄仁傑上奏章彈劾韋弘機引導皇帝追求奢侈，韋弘機因此被免職。左司郎中王本立「恃恩用事，朝廷畏之」。狄仁傑毫不留情地揭露其為非作歹的罪行，請求交付法司審理。唐高宗想寬容包庇王本立，狄仁傑以身護法：「國家雖乏英才，豈少本立輩！陛下何惜罪人以虧王法。必欲曲赦本立，請棄臣於無人之境，為忠貞將來之戒！」王本立最終被定罪，朝廷肅然。後來，狄仁傑官遷度支郎中，唐高宗準備巡幸汾陽宮，以狄仁傑為知頓使，先行布置中途食宿之所。並州長史李沖玄以「道出妒女祠」，徵發數萬人別開御道。狄仁傑說：「天子之行，千乘萬騎，風伯清塵，雨師灑道，何妒女之害耶？」俱令作罷，免除了並州數萬人的勞役。唐高宗聞之讚嘆說「真大丈夫矣」！

順應時變，大周良相

武則天垂拱二年（686年），狄仁傑出任寧州（今甘肅寧縣、正甯一帶）刺史。其時寧州為各民族雜居之地，狄仁傑注意妥善處理少數民族與漢族的關係，「撫和戎夏，內外相安，人得安心」，郡人為他建碑頌德。是年，御史郭翰巡察隴右，甯州歌狄刺史者盈路，郭翰返朝後上表舉薦，狄仁傑升為冬官（工部）侍郎，充江南巡撫使。到任之後狄仁傑針對當時吳、楚多淫祠的弊俗，奏請焚毀祠廟一千七百餘所，唯留夏禹、吳太伯、季箚、伍員四祠，減輕了江南人民的負擔。垂拱四年（688年），博州刺史琅琊王李沖起兵反對武則天當政，豫州刺史越王李貞起兵回應，武則天平定了這次宗室叛亂後，派狄仁傑出任豫州刺史。

當時，受越王株連的有六七百人在監，籍沒者多達五千人。狄仁傑深知大多數黎民百姓都是被迫在越王軍中服役的，因此上疏武則天：「此輩咸非本心，伏望哀其詿誤。」武則天聽從了他的建議，特赦了這批死囚，改殺為流，安撫了百姓，穩定了豫州的局勢。其時，平定越王李貞的是宰相張光弼，將士恃功，大肆勒索。狄仁傑沒有答應，反而怒斥張光弼殺戮降卒，以邀戰功。他說「亂河南者，一越王貞耳。今一貞死而萬貞生……明公董戎三十萬，平一亂臣，不戢兵鋒，縱兵暴橫，無罪之人，肝腦塗地……但恐冤聲騰沸，上徹於天。如得上方斬馬劍加於君頸，雖死如歸。」狄仁傑義正辭嚴，張光弼無言可對，但懷恨在心，還朝後奏狄仁傑出言不遜。狄仁傑被貶為複州（今湖北沔陽西南）刺史，入為洛州司馬。

但是，狄仁傑的才幹與名望，已經逐漸得到武則天的讚賞和信任。天授二年（691年）九月，狄仁傑被任命為地官（戶部）侍郎、同鳳閣（中書省）鸞台（門下省）平章事，開始了他的宰相生涯。身居要職，狄仁傑謹慎自持。一日，武則天對他說：「卿在汝南，甚有善政，卿欲知譖卿者乎？」狄仁傑謝曰：「陛下以臣為過，臣當改之；陛下明臣無過，臣之幸也。臣不知譖者，並為善友。臣請不知。」武則天對他坦蕩豁達的胸懷深為嘆服。

久視元年（700年），狄仁傑升為內史（中書令）。這年夏天，武則天到三陽宮避暑，有胡僧邀請她觀看安葬舍利（佛骨），奉佛教為國教的武則天答應了。狄仁傑跪於馬前攔奏道：「佛者，夷狄之神，不足以屈天下之主。彼胡僧詭詐，直欲邀致萬乘所宜臨也。」武則天遂中道而還。是年秋天，武則天欲造浮屠大像，預計費用多達數百萬，宮不能足，於是詔令天下僧尼日施一錢以助。狄仁傑上疏諫曰：「如來設教，以慈悲為主。豈欲勞人，以在虛飾？比來水旱不節，當今邊境未寧。若費官財，又盡人力，一隅有難，將何以救之？」武則天接受了他的建議免去其役。

興復皇室，大唐功臣

狄仁傑一生中最重要的活動是興復李唐皇室。這個活動，分為兩步，第一步是將被囚禁在房州的李顯迎回洛陽，然後把他推上儲君位置。這一步，在狄仁傑活著的時候，便已成功了。第二步是將李顯推上帝位，這一步在狄仁傑死後，才得以實現。

狄仁傑要實現他的想法，首要的一條就是要設法對武則天施加影響，改變她對兩個兒子的看法，使李顯與李旦兄弟能夠擺脫被囚禁的地位。但在他與武則天建立相當緊密的信任之前，要想對武則天施加影響，是不可能的。武則天延載三年（696年）五月以後，狄仁傑逐漸獲得了這種信任。

獲得信任以後，狄仁傑不露聲色地展開了興復李唐皇室的活動。這個活動分兩步進行，一是利用別人；一是他親自出馬，雙管齊下。這個時候，武則天養了兩個男寵，張易之與張昌宗。這兩個人是嫡姓兄弟，原來地位不高，因為備受武則天寵愛，旬日之間，貴震天下。武承嗣極力想接近他們，以謀求太子位置，狄仁傑也接近他們，以實現自己的計畫。二張兄弟有一種不自安的心理：他們現在的地位是如此優越，又來得如此容易。他們擔心，有朝一日，不幸的事情會發生，他們將喪失一切，乃至於自己的生命。

於是，他們向狄仁傑請教「自安之術」。狄仁傑告訴他們，只有一個方法，可以長保富貴，這便是勸武則天將李顯迎回洛陽，並立為太子，二張如能立此奇功，一旦武則天去世，繼承帝位的便是李顯，二張有了迎立之功，任何災難也就不會降臨到他們頭上了。二張採納了狄仁傑的意見。

狄仁傑又用與武則天接觸的機會，多方勸說武則天。一次，武則天帶著一種不安的情緒，和近臣們談起了她的一個夢，她夢見一隻大而美麗的鸚鵡，可是它的兩個翅膀全折斷了。武則天要求近臣們對這個夢做出解釋。在一段沉默之後，狄仁傑說話了：「臣以為，那只大而美麗的鸚鵡就是陛下自己，因為陛下姓武。」這個解釋是有根據的，因為武則天常將鸚鵡來擬比自己。「兩翅，就是陛下的兩個兒子。」狄仁傑指的是李顯與李旦。「現在，他們都處於被囚禁的地位，這就是兩翅折斷的意思。沒有翅膀的鸚鵡不能飛翔，陛下起用王子，鸚鵡就能飛翔了。」

聖曆元年（698年），武則天的侄兒武承嗣、武三思數次使人遊說太后，請立為太子。

武則天猶豫不決。狄仁傑以政治家的深謀遠慮，勸說武則天順應民心，複立廬陵王李顯。當時，大臣李昭德等也曾勸武則天迎立李顯，但沒有為武則天接受。對武則天瞭解透徹、洞燭機微的狄仁傑從母子親情的角度從容地勸說她：「立子，則千秋萬歲後配饗太廟，承繼無窮；立侄，則未聞侄為天子而附姑於廟者也。」武則天說：「此朕家事，卿勿預知。」狄仁傑沉著而鄭重地回答：「王者以四海為家。四海之內，孰非皇土？何者不為陛下家事！君為元首，臣為股肱，義同一體。況臣位備宰相，豈得不預知乎？」最終，武則天感悟，接受了狄仁傑的意見，親自迎接廬陵王李顯回宮，立為皇嗣，唐祚得以維繫。

梁國公

在狄仁傑為相的幾年中，武則天對他的信任與重用是群臣莫及的，她常稱狄仁傑為「國老」而不名。狄仁傑喜歡面引廷爭，武則天「每屈意從之」。狄仁傑曾多次以年老告退，武則天不許，入見，常阻止其拜。武則天曾告誡朝中官吏：「自非軍國大事，勿以煩公。」久視元年（700年），狄仁傑病故，朝野淒慟，武則天哭泣著說「朝堂空也」。贈文昌右丞，諡曰文惠。唐中宗繼位，追贈司空。唐睿宗又封之為梁國公。

末代皇儲口述：溥儀立嗣的隱秘內幕

愛新覺羅．毓嵒

末代皇帝溥儀被俘，在蘇聯期間卻鄭重立嗣，溥儀的侄子愛新覺羅．毓嵒，作為秘儲皇子，又是溥儀的心腹之一，從偽滿開始，追隨溥儀十年，洞悉末代皇帝心態，親歷歷史更迭。那麼溥儀為什麼要立愛新覺羅．毓嵒為嗣，在當時的那種情況下又是怎樣立嗣的呢？

大約在一九五〇年春季，蘇聯當局又將我們這幾個人從士兵管理所，重新調回了伯力第四十五收容所。我又與溥儀重新見了面。他見到我後，非常高興，連連叫著我的名字，親熱地說：「這麼長時間沒見著你，還挺想你呢。」

「我也很想您呀，也許咱們又能住在一起了。」

這話倒並非毫無根據，因為我一回到這裡就聽說，還要我與溥儀住在一間屋內。

事實果然如此，沒過幾天，我和溥儀同住於二樓的一間屋裡。

當時，張紹紀（偽滿國務院總理張景惠之子）仍然和他住在一起。看得出來，溥儀對他的戒心比以前還大，與他的關係顯得很疏遠。我回來了，溥儀自然喜出望外，因為他是將我當作不隔心的自己人的。

還有使溥儀更高興的事。一天，我趁著屋內沒有人的時候，悄悄地拿出了我在士兵收容所，用三百盧布贖回的那塊溥儀當初送給別人的白金手錶。溥儀瞅出了送到自己手中的錶，就是他戴過多年的那塊白金手錶時，極為興奮，拿在手裡反覆賞玩。或許，溥儀認為，這表現了我對他的「忠心」，從此對我更加信任。

而我的任務依舊沒有變，仍然像從前那樣每天為溥儀拿飯，洗衣服，整理床鋪等等。於是，我又複歸成了他的非正式的「服務員」。自從溥儀到蘇聯以後，每次理髮都是讓我用剪子給他剪短些就行了。不知是出於防備日本人加害於他，或其他的什麼心理，他從不願意讓理髮室的日本士兵為他理髮。

蘇方按其所長，將我們重新分了工。在收容所裡全然沒有了過去偽滿宮廷的等級界限，唯有溥儀，仍每天不幹活兒，被蘇方靜靜地養在收容所裡頭。

在此前後，蘇聯當局已經開始了遣返日本低級戰俘。這時，處理日本高級戰俘之事，顯然也已迫在眉睫了。聞此，溥儀就又慌了神，他雖然多次向蘇聯政府催促關於要求留居蘇聯的答覆，但一直杳無音訊。他唯一求得精神解脫的就是，每天吃過晚飯後便一次又一次地誦經念咒，乞求神佛保佑，而且一再地搖著他那枚銅錢，占卜打卦。

由於留居蘇聯音訊全無，他好像覺得被蘇聯送回中國已經成為定局，難以避免，也就認定回國後必死無疑，目前只是臨死前的喘息。在這種心態下，溥儀不得不考慮到了根本不存在的「後事」。倘若一旦不妙，真要是逃脫不了見「上帝」的命運，自己連一個兒子也沒有，那麼誰能承繼「香火」呢？誰能繼續秉承他一直夢寐以求的復辟「大清帝國」的宿願？

想來想去，他根據當時的形勢分析，以為很快將被送回中國了，於是就在一九五〇年六七月間的一天傍晚，大約七八點鐘，向我宣布了關於「立嗣」之事。

以往，我們那間房子裡一共住著四個人。除了溥儀和我以外，還住著我的七弟毓嶦和張紹紀。偏巧，那天其他的人都不在，房內只有溥儀和我二人。

「我今天要和你說點兒心裡話。」當時，溥儀親密地拽著我坐在一個角落裡，表情顯得異乎尋常。我看出他有事要對我講，便對他小聲地說：「您如果有什麼話，儘管吩咐我。」

但我始終沒料到，他竟然說出了使我大為驚訝的一番話來。「唉，你對我一貫盡忠效力，尤其在這患難之際，仍然對我忠心不貳，始終為我效勞，太不容易了！」溥儀兩眼望著我，發出了由衷的感慨。「前幾次，我想留居蘇聯，你能捨家隨我一起要求留在蘇聯，實在是列祖列宗的好後代！」

溥儀說到這裡，似乎動了感情，眼睛裡閃射出一種激動的目光。他湊近了些，面對面地對我一句一頓地說道：「所以，我決定，從現在起，立你作為我的『皇子』！」聽到這裡，我大大地吃了一驚。因為，事先我一點也不知道他的這個主意。「皇上」立「嗣」，自古以來就是一件特大的國事。多少人曾為皇上立「嗣」這種事，自相殘殺，死無葬身之地……而我在瞬間，竟然成了中國最後一個皇帝的繼子，簡直不可想像！我看著溥儀那一副十分認真的樣子，根本不像是在與我開玩笑。

「毓喦，」溥儀極為鄭重其事地對我說：「你現在就跟著我，向列祖列宗行禮！」於是，我跟隨著他伏在地上，面朝黑皮箱，向心目中的「列祖列宗」行了三跪九叩的大禮。然後，我又按照他的要求，轉身向溥儀行了三跪九叩之禮。「坐下吧。」溥儀讓我重新坐下後，又對我囑咐說：「你以後要對我更加盡忠盡孝。要和我一樣，念念不忘恢復大清皇朝的基業！」

此時，我已經被他這個突然「立嗣」的舉動弄得惶恐不安，只會連聲說著：「是，是，皇阿瑪！」「君臣」變成了「父子」。他是退了位的「皇帝」，我是敗落了的王爺的後代，而他竟讓我繼承他那個實際已經不復存的「皇位」。

在溥儀長期的「恩威並施」的教育之下，我早已經逐漸地成為了他的忠實「奴僕」。對於他的意圖和旨意，我是說一不二地執行，絕無半點虛假。無怪乎，有人便在背後罵我是溥儀的「馬屁精」。而事實的確如此。只要是有人說了溥儀的壞話或者是做了對溥儀不利的事情，我總是要趕緊去向溥儀彙報。對此，溥儀是非常滿意的。我的信條是：以「君辱臣死」為己任。也許是溥儀看出了我的這一點，他才對我格外信任。

據我所知，這也就是溥儀之所以在看到申請留居蘇聯希望不大，被遣送回中國前夕，看中我並將我「立嗣」為他的繼承人——皇子的主要緣故之一。過了很久，我才知道，關於「立嗣」之事，溥儀早已醞釀了很長時間。最初，溥儀看中的是毓嵣而不是我。從頭腦的靈活程度以及接人待物而言，他在每一方面都是比我略勝一籌的。然而，隨著時光的流逝，毓嵣變得越來越不聽溥儀的話，甚至在某些方面公然違抗溥儀的旨意。所以，溥儀對他極為不滿。「順我者昌，逆我者亡。」這是溥儀待人的一貫作法。在戰犯收容所內，他不敢明目張膽地這樣聲稱，但是他的骨子裡仍舊是「依然故我」。按照這一條原則，溥儀與戰犯收容所內的幾位愛新覺羅家族成員，幾經磋商，最後「立嗣」的物件，自然而然地選定了我。

溥儀被引渡回國真相

程遠行

末代皇帝溥儀等人被引渡回國的這段歷史，被拍成電影、電視劇，有的電影虛構溥儀在廁所上吊自殺；有的電視劇說農民集體批鬥了溥儀。歷史的真相究竟如何？老一代外交家王炳南和喬冠華的秘書程遠行先生揭開了這個歷史謎團……

關於末代皇帝溥儀等人被引渡回國的這段歷史，特別是溥儀在引渡入境前後和火車上的表現和言論，知道的當事人極少極少。

二十世紀八〇年代初，我因工作關係，在全國人大常委會開會的時候，和全國人大常委會委員溥傑（溥儀的胞弟）常常見面。我們經常議論這段引渡溥儀的歷史。當時，我們有一個共同的想法，認為這段歷史非寫不可，一是為了歷史的需要，二是我們的年齡已不年輕。

寫出這段引渡事件，也已經是一件事不宜遲的急案了。特別是在八〇年代，社會上有關皇帝的宣傳熱，有些過頭，有些失真。為此，我們很有必要，將溥儀這段被引渡回國的歷史寫出來，真實地向讀者作個介紹，以免再以訛傳訛。

偽大臣被嚇得尿褲子？

偽滿洲國各大臣和將領在被引渡回國過程中，精神上是有些緊張、有些害怕。據某大臣事後說，當時他們不知道中國共產黨會怎麼處理他們，是像對待地主那樣，先批鬥、後槍斃，還是被發配到邊陲流放，心裡都沒有底。他們帶著重重疑慮，從蘇聯火車下來後，就四處觀察，走了一百多公尺的步行路程，並沒有看出有什麼異常，反而在心裡增加了幾分安全感。他們看到的是，在車軌之外二十多公尺外，站了幾個人，有一個蘇聯押送代表蘇軍中校，有兩個穿中山裝的中共人員，還有在中國列車車廂門前的一個列車員。所見到的中國人，都看不出有什麼敵意。這和當年日本關東軍押送犯人的情景完全不同。

然而，在某電視劇裡，卻把這些偽大臣、偽將領們描寫得像膽小如鼠的草包。其中還傳說有這麼一段故事，有一個偽滿大臣一登上中國的火車，就嚇得直哆嗦，還沒等找到座位，就嚇得尿了褲子，還大聲地向持槍的解放軍報告說，他尿褲子了！

編制這類聳人聽聞的所謂歷史故事，無非是要博得觀眾一笑。可作者想沒想到，活著的那些當事人，看了這一電視，會有什麼反應。有一位改造好的偽大臣說：「我們是有罪，應以法論處，何必如此醜化我們呢？與其這樣醜化我們，還不如一槍斃了我們，不更痛快！」

其實，這些人當中有文有武，雖說他們並不都是有覺悟的人，但也都不是一群大字不識的草包。雖說他們在懵懵懂懂地摸著石頭過河，但他們都不是一群一文不值的傻瓜，其中有的人也很有學問。因此，還不至於在吉凶未卜的情況下，先嚇得尿了褲子。

再者，這些偽大臣、偽將領雖然在偽滿時代，做了多年養尊處優的高官，養成了驕奢淫逸的習氣，但他們大都是些經過風浪、碰過驚險的綠林好漢。他們有的人出身行武，有的人出身土匪、紅鬍子，有的人本身就是老一代東北軍的軍閥。他們都是些不怕死、玩過命的山大王。這些人怕什麼？什麼也不怕！什麼死亡風險啦，什麼萬炮齊轟啦，這些玩意兒對這些人來說，是小菜一碟，有何可懼？他們有的人雖然沒有動過刀，沒有動過槍，也沒有什麼「轟轟烈烈」歷史經歷，但他們都不是省油的燈，而是一些出賣過老祖宗、出賣過人格靈魂、出賣過國家資源的老油子。他們都是一些遇事不慌、老謀深算的「老狐狸」。就是這一類的人物怎能在被移交回國的過程中，流露出窩窩囊囊、貪生怕死的樣子呢？

我和溥傑均在現場都沒看到、也沒聽到有誰受嚇而尿褲子的事，所以那些人純粹是瞎掰。

溥儀在廁所上吊自殺？

尤其是在一部電影裡，虛構了末代皇帝廁所自殺的場景，讓人無法忍受。

所虛構的故事是這樣：時間是這批俘虜被引渡的路上，溥儀戴著一副深色眼鏡，穿著一身黑色西裝，手裡提著一個中型皮箱，步調沉重地走進了一個寬大的廁所。當溥儀走進去時，廁所裡傳出了一聲喊叫：「皇上上吊自殺了！」接著有幾個偽滿大臣，也陸續走進廁所，有些人也慌慌忙忙地在廁所門前進進出出，一場混亂。在這一片混亂的氣氛中，有個大臣說出了皇上自殺的原因，說什麼「皇上本想留在蘇聯，不想回國。今天既然已經被押了回來，他就以死不從」。

這個故事弄得很玄虛。究竟溥儀上吊了沒有？自殺身亡了沒有？是怎麼又活了過來？誰也弄不明白；各偽大臣在廁所跑進跑出，是在幹什麼？是進去看熱鬧，還是去救人？誰也弄不清楚。

這故事給人一個總的印象是，溥儀出自對新中國不瞭解、不放心，對蘇聯把他引渡回國不滿，而走進廁所上吊自殺的。換句話說，新中國這場引渡，把溥儀的小命差點給斷送了。

這種推斷式的故事，對執行引渡使命的人來說，頗有壓力。

事實上，根本就沒發生過溥儀上吊自殺的事情。

溥儀這個人不是一個有膽量、有勇氣、敢於自殺的人。如果他因為皇位旁落，或是皇座完蛋了而感到前景無望，就想自殺的話，那麼，他這一生恐怕早就死過幾次了。他在年近半百的時候，又被俘虜到了蘇聯，一些不如意的事情，接連發生，一些自殺的理由，不斷出現，可他都挺了過來。這次被押送回國，誰也沒逼他，誰也沒惹他。他卻要上吊自殺。誰相信？這位末代皇帝也是經歷過風雨的人物。他面對這一嶄新的客觀形勢，情況還沒弄清楚，就先步入黃泉，用意何在？

如果說溥儀出自「怕」或出自「懼」，而想了斷自己，這也太低估了這位敢於出賣老祖宗，敢於向日本軍國主義集團投靠，敢於坐上偽滿皇帝寶座的溥儀了。

溥儀此人的思想，在改造之前，就其根源和體系說來，是屬於帝王將相、唯我獨尊的範疇。他自認為是神仙下凡，是真龍天子，他的話就是法律，他的一舉一動都是天意。天下人誰也不能傷害他，誰也不敢傷害他。他本人也不容許受人欺辱，更不會遇到一點點挫折就想駕崩歸天的人。

假如溥儀真要自殺，他也下不了這個手。他沒有這個勇氣，因為他連個蒼蠅都不敢打。既不敢殺生，何敢滅己呢？況且，他要自殺，也對不住他愛新覺羅的老祖宗啊！因為愛氏老祖宗給他的使命是，要支撐住老祖宗給他留下的江山——大清國。祖傳的「家業」被推翻的大趨勢，他也奈何不得，但這好端端地「家業」落到人家手裡，他怎麼會甘心呢？怎麼會俯首聽命呢？因此，他不管處在何時何地，他滿腦子裡想的是「復辟」，想的是收回失去的江山，想的是恢復他的皇位。有人硬說，溥儀在引渡過程中絕望了，想上吊自殺。這不是他當時的思想，不是他的本意。因為他真的就這樣窩窩囊囊地一死，還有什麼臉面，歸天去見他的列祖列宗？

如果溥儀上吊發生在蘇聯境內廁所裡，但蘇聯押送代表就根本沒談及此事；如果是發生在綏芬河車站廁所裡，那就更是一個虛構的故事，因為，在綏芬河火車站裡，還沒有一個像樣的廁所，更沒有像故事裡描寫的那種高水準的、規格高的大廁所。況且，在蘇中雙方移交戰俘的時候，我們已明確下令限制，這批戰俘從蘇聯火車下來，嚴格按照指定路線，步行兩百公尺的路程，走上中國火車的最後一節車廂。在這中間，不准許任何俘虜去火車站上廁所。

溥儀剛坐上中國火車時，急切想摸摸車上的情況，以窺測火車的去向。他曾問過廁所是在前邊，還是在後邊。實際上，他是以上廁所為名，走過去看看有什麼反應，車廂裡有什麼「動靜」。他走到這節車廂的前頭，轉了一陣，也沒上廁所，就又回到了自己的座位。一兩天的旅途，溥儀也去過幾次廁所，卻沒出現有任何找機會自殺的跡象。

溥儀怕死，他不想死是一貫的。不想死對他來說，不難。只要不自殺就不會死的。但是，如果軍事法庭一旦判他死刑，或者是把他交給農民批鬥，就難逃一死。這兩種死，都是他無法抗拒的，無法挽救的。這也是溥儀最擔心的事。於是，溥儀在登上中國火車之後，就千方百計地想從各方面瞭解中共對他的態度，是把他先送進法庭，或是先交給農民批鬥，還是網開一面。他希望從押送人員嘴裡得到的是可以不死的資訊。因為他不想死，他要力爭活著。

火車離開綏芬河不久，溥儀在車廂裡悠閒的時候，偶爾聽到有人低聲說：「上邊來了！」他很高興，似乎回到中國，又有人稱他「皇上」了。同時，他看到幾個大臣們又說又笑，嘻嘻哈哈，還和中共的押運兵（小王）聊得很熟。當小王走開之後，這幾個大臣更是談笑風生，比在蘇聯打麻將的時候還坦然、還自在。這一氣氛對溥儀的影響不小，好像他和死神也拉開了不少距離。接著，他的情緒也有了變化，膽子也壯了起來。

溥儀從車廂廁所回來之後，主動找陸曦談了一次話。這次談話，使溥儀多少也摸到了一點底。至少他知道，在火車上會平安無事。於是他便採取了走一步、看一步的辦法，先吃好、再睡好，醒了以後再說。因此，溥儀被押送到撫順的路上，連想自殺的念頭，都不會有的。

農民集體批鬥溥儀？

某電視劇裡還有這麼一段故事。在靠近火車的一個大月臺上，有一大群農民，有的手持鋤頭，有的拿著扁擔、鐵鍬，還有的拿著紅纓槍，呼呼啦啦地擁了上來。為首的農民頭目，還「哇啦哇啦」地嚷著什麼，農民們也在喊些什麼。

當火車進站之後，農民們頓時靜了下來，似乎要看看火車裡都是些什麼人？火車門一開，下來的竟是溥儀和幾個偽滿洲國的大臣。這時，就在這一片寂靜的火車站上，突然爆發出一陣農民們的吼喊聲。為首的農民大叫一聲：「他就是皇帝，他就是皇帝，就是他！」他這麼一叫，農民們跟著就七嘴八舌地喊了起來。有人喊：「就是他！沒錯，就是他！」有人喊：「打死他！打死他！」

還有幾個手持鐵鍬的農民擠到了火車門口，大喊大叫：「我要殺了這個狗皇帝！」溥儀面對這種鬥爭場面，很害怕，似乎死期已經來臨，有些不知所措。有的偽大臣被嚇得直哆嗦。火車門口，已有持槍大兵在把持，沒有退路。兩旁的軍警虎視眈眈地在盯著他們。怎麼辦？想逃無處逃，想躲無處躲。對面的這些手持農具的貧雇農，似乎真的要把溥儀等人就地正法。

以上這段驚心動魄批鬥溥儀的故事，是援引溥儀擔心自己會被農民批鬥致死的心態編出來的。其目的是讓人們看到，溥儀在農民面前是個罪人；也可看到農民的覺悟高，有一種捨得一身剮、敢把皇帝拉下馬的革命氣概，有一種要把這真龍天子批倒批臭、再踏上幾千隻腳的造反精神。同時也是為了嚇唬嚇唬溥儀。似乎將「文革」時的批鬥場面，搬到了上世紀五〇年代。

我們認為編此故事的上述兩個目的，已經達到了「不錯效果」。溥傑和我作為這段歷史的當事人、見證人，只能提供一些歷史事實和有關情況來說明上述批鬥溥儀的故事是假的、是編出來的。

新中國剛剛成立，全國各大行政區還沒撤銷。東北人民政府在中央人民政府領導下，負責處理引渡這批戰俘的工作。對這批戰俘的移交和押送工作，東北人民政府公安部、鐵道部作出了專門部署。從綏芬河到瀋陽沿線各大火車站，對這一特殊專列，必須提供方便，保證順利通過。各站內的治安必須做到外鬆內緊、絕對保密、不讓群眾知道情況。因此，這列戰俘車所通過的各火車站，不僅農民、群眾不知道火車裡坐的是什麼人，就連許多車站的工作人員、包括車站負責人也都不知道溥儀就在這列火車上。

既然沿途各站沒有什麼人知道這列火車裡有溥儀，那麼火車月臺上批鬥溥儀的故事，只能是子虛烏有。

慈禧西逃前是如何處死珍妃的？

金易、沈義羚

有關光緒最寵愛的珍妃被慈禧處死的原因，歷來是眾說紛紜，莫衷一是。一種說法認為珍妃是因為支持光緒進行戊戌變法而觸怒了慈禧太后；另外一種說法則是珍妃多次違反宮闈禁忌，賣官受賄；還有一種說法認為光緒皇帝對她情有獨鐘，冷落了慈禧的親外甥女隆裕皇后。

究竟哪一種說法更為準確？珍妃之死還有沒有其他原因？

下面就通過一位伺候慈禧的老宮女的回憶，來清晰地再現那段不堪回首的歷史……

慈禧西行之前

「（慈禧）逃跑是在光緒二十六年，即庚子年七月二十一日（1900年8月15日）的早晨，也就是俗話說——鬧義和團的那一年。」老宮女一邊回憶，一邊慢慢地說，「雖然這事已經過了四十多年，大致我還能記得。」

回憶如下：

我記得，頭一天，那是七月二十日的下午，睡醒午覺的時候——我相信記得很清楚。

老太后在屋子裡睡午覺，宮裡靜悄悄的，像往常一樣，沒有任何出逃的跡象。這天正巧是我當差。

在宮裡頭我們只知道腳尖前的一點小事，其他大事絲毫也不知道。老太后有好多天不到園子裡去了，和往常不大一樣。到二十日前兩三天，聽小太監告訴我們，得力的太監在順貞門裡，御花園兩邊，都扛著槍戒備起來了。問為什麼，誰也不說。我們也風聞外頭鬧二毛子（教民），但誰也不清楚是怎麼回事。小娟子（那時她是宮裡的掌事兒的）暗地裡囑咐我，這幾天要格外留神，看老太后整天板著臉，一絲笑容也沒有，嘴角向左邊歪得更厲害了，這是心裡頭憋著氣的象徵，不定幾時爆炸。當侍女的，都提心吊膽，小心侍候，免得碰到點子上自找倒楣。

那一天下午，我和往常一樣，陪侍在寢宮裡，背靠寢宮的西牆坐在金磚的地上，面對著門口。這是侍寢的規矩。老太后頭朝西睡，我離老太后的龍床也就只有二尺遠。在老太后寢宮裡當差是不許人沒有樣子的，要恭恭敬敬地盤著腿，眯著眼，伸著耳朵，凝神屏氣地傾聽著帳子裡的聲音。

突然，老太后坐起來了，撩開帳子。平常撩帳子的事是侍女負責的，今天很意外，嚇了我一跳。我趕緊拍暗號，招呼其他的人。老太后匆匆洗完臉，菸也沒吸，一杯奉上的水鎮鳳梨也沒吃，一聲沒吩咐，逕自走出了樂壽堂，就往北走，我匆忙地跟著。我心裡有點發毛，急忙暗地裡去通知小娟子。小娟子也跑來了，我們跟隨太后走到西廊子中間，老太后說：

還原真相

慈禧西逃前是如何處死珍妃的？

「你們不用伺候。」這是老太后午睡醒來的第一句話。我們眼看著老太后自個往北走，快下臺階的時候，見有個太監請跪安，和老太后說話。這個太監也沒陪著老太后走，他背向著我們，瞧著老太后單身進了頤和軒。

農曆七月的天氣，午後悶熱悶熱的，大約有半個多時辰，老太后由頤和軒出來了，鐵青著臉皮，一句話也不說。我們是在廊子上迎老太后回來的。其實，就在這一天，這個時候，這個地點，老太后賜死了珍妃，她讓人把珍妃推到頤和軒後邊井裡去了。我們當時並不知道，晚上便有人偷偷地傳說。後來雖然知道了，我們更不敢多說一句話。

時間悄悄地流逝，人世不斷地喧騰。經過改朝換代，到了民國初年，我們說話都沒有什麼忌諱的時候，有一年正月，崔玉貴到我家來串門，閒談起這件事，他還有些憤憤不平，說老太后對他虧心，要鬼花樣。

太監二總管崔玉貴

崔玉貴，我們叫他崔回事的，不稱崔總管，免得和李蓮英李總管之名重複。他在辛丑回鑾以後，被攆出宮，一直住在鼓樓後邊一個廟裡。廟裡住著好多出宮的太監。他覺得在這裡住著方便，不受拘束。這也就是崔玉貴為人還不錯的證明——他當過二總管，如果當初他虧待了太監，決不敢在這裡住，舌頭底下壓死人，大傢伙罵也把他罵跑了，可他能在太監堆裡住下去，足見他的人緣是很好的。他一直沒有家眷，過著單身生活，所以也沒有牽掛。經常的活動是早起練武，鍛煉自己的身子。

我那時住在北池子孟公府，梳頭劉的後人住在奶子府中間，桂公爺（桂祥，老太后的娘家兄弟）住在大方家胡同西口裡頭。崔玉貴是桂公爺的乾兒子，也就是隆裕皇后的乾兄弟，所以他在宮裡很紅，因為有桂公爺做靠山。他到桂公爺家來來往往，要經過我們兩家門口。崔玉貴是個戀舊的人，民國以來，過年過節都到桂公爺家裡照個面，雖然桂公爺不在世了，但他不願意落下個「人在人情在，人死兩丟開」的話柄。為了表示不忘舊，他常常是先直接到桂公爺家去，由大方家胡同出來時就溜達溜達。他是練武的人，不愛坐車。他順路先到奶子府劉家，歇歇腿兒，就來到我家，這是他的必經之路。也常在我家吃便飯，他和老劉（劉太監，我的「丈夫」）從前都一起伺候過光緒爺（戊戌前，老太后派崔去監視過光緒），又都是冀南的小同鄉（崔是河間人，劉是甯晉人），人不親土親，再說，同是一個籠子裡出來的，坐在一起也有話說。他飯量大，嘴饞，又是北方人，愛吃山東菜，四十多歲的人了，一大盤紅燒海參小膀蹄，吃得盤光碗淨，然後抹抹嘴唇，笑著說：「我又可以三天不吃飯了。」接著跟老劉拉起鄉談來，說：「咱們冀南不是有句俗話嗎，叫吃一席，飽一集，一集是五天，我說三天還說少了呢！」老劉說：「您當過壽膳房總管，什麼好的沒吃過。」他說：「那時吃著揪心，這時吃著舒心。」

他是個爽快人，辦事講究乾淨俐落，也有些搶陽鬥勝的味兒，好逞能露臉。當時在宮裡年紀又輕，所以宮裡的小太監背後管他叫小羅成。但他是個陽面上的人，絕不使陰損壞。

因此太監都怕他，但不提防他。他也比較有骨氣，他和李蓮英面和心不和，自從被攆出宮以後，他從沒求過李蓮英。就是他的徒弟，有名的小德張，可以說是他一手提拔起來的，在隆裕時代紅得發紫，他也從不開口。用他自己的話說，「時運不濟，抱著胳臂一忍，誰也不求」，很有冀南人的倔勁。他常到後門橋估衣店裡去喝茶。這家估衣店是專收買宮裡東西的，掌櫃的把他當聖人看待，但他從來也不花他們的錢。從後門橋往東南，不太遠，就是大佛寺，榮壽公主的府就在那兒，內裡熟人很多，但他從不登她的門兒。

崔玉貴也確實是好樣的：將近五十歲的人了，腰不塌，背不駝，臉膛紅撲撲的，兩個太陽穴鼓著，跟其他的太監就是不一樣。他常在嘴邊上的話：「我活著就活個痛快！」別的太監到四十歲開外早成了彎勾大蝦米啦！他對自己管得很嚴，不吸菸不喝酒，左手經常握著一個淺紅瑪瑙的鼻煙壺，右手拇指上套著個翡翠搬指。他說：「用這搬指管著我，免得我右手管閒事。」練武的人能管住自己的手，是很不容易的。

親歷者的回憶

我在這裡再添幾句閒話。當太監的妻子是很不容易的，因為太監心毒，沒度量，嫉妒心最強，又心眼多，而且盡歪心眼。老劉平常絕不讓我跟男人說話，更不許我上街，也不許我走親戚串街坊。我就像在盒子裡生活一樣，只有崔玉貴來了，我們能坐在一起談談話。一來是他知道我們底細，二來老劉佩服他。我們倆都尊敬地管他叫崔大叔，他也大馬金刀地管我叫侄媳婦。就這樣，我們談起了老太后出走前後的事。

他憤憤地把鼻煙壺往桌子上一拍，說：「老太后虧心。那時候累得我腳不沾地。外頭鬧二毛子，第一件事是把護衛內宮的事交給我了。我黑夜白天得不到覺睡，萬一有了疏忽，我是掉腦袋的罪。第二件事，我是內廷回事的頭兒，外頭又亂糟糟，一天叫起（召見大臣）不知有多少遍。外頭軍機處的事，我要奏上去，裡頭的話我要傳出去，我又是老太后的耳朵，又是老太后的嘴，裡裡外外地跑，一件事砸了鍋，腦袋就得搬家，越忙越得沉住氣，一個人能多大的精氣神？七月二十日那天中午，我想乘著老太后傳膳的機會，傳完膳老太后有片刻漱口吸菸的時間，就在這時候請膳牌子最合適（膳牌子是在太后或皇上吃飯時，軍機處的牌子上寫好請求進見的人名，由內廷總管用盤子盛好呈上，聽憑太后、皇上安排見誰不見誰）。牌子是薄薄的竹片，約五寸多長，三分之一用綠漆漆了頂部，三分之二用粉塗白了，寫上請求進見的官職，也俗稱綠頭牌子。這是我細心的地方，當著老太后的面把膳牌請走，心明眼亮，免得有麻煩。這是我份內的差事，我特別小心。就在這時候，老太后吩咐我，說要在未正時刻召見珍妃，讓她在頤和軒候駕，派我去傳旨。」說到這，崔玉貴激動起來了，高喉嚨大嗓門地嚷著。

「我就犯嘀咕了，召見妃子例來是兩個人的差事，單獨一個人不能領妃子出宮，這是宮廷的規矩。我想應該找一個人陪著，免得出錯。樂壽堂這片地方，派差事的事歸陳全福管，我雖然奉了懿旨，但水大也不能漫過船去，我應該找陳全福商量一下。陳全福畢竟是個老當差的，有經驗，他對我說，這差事既然吩咐您一個人辦，您就不要敲鑼打鼓，但又不能沒規矩，現在頤和軒管事的是王德環，您可以約他一塊去，名正言順，因為老太后點了頤和軒的名了，將來也有話說。我想他說的在理。

「景祺閣北頭有一個單獨的小院，名東北三所，正門一直關著。上邊有內務府的十字封條，人進出走西邊的腰子門。我們去的時候，門也關著，一切都是靜悄悄的。我們敲開了門，告訴守門的一個老太監，請珍小主接旨。

「這裡就是所謂的冷宮。我是第一次到這裡來，也是這輩子最後一次。後來我跟多年的老太監打聽，東北三所和南三所，這都是明朝奶娘養老的地方。奶娘有了功，老了，不忍打發出去，就在這些地方住，並不荒涼。珍妃住北房三間最西頭的屋子，屋門由外倒鎖著，窗戶有一扇是活的，吃飯、洗臉都是由下人從窗戶遞進去，同下人不許交談。沒人交談，這是最苦悶的事。吃的是普通下人的飯。一天有兩次倒馬桶。由兩個老太監輪流監視，這兩個老太監無疑都是老太后的人。最苦的是遇到節日、忌日、初一、十五，老太監還要奉旨申斥，這是由老太監代表老太后，列數珍妃的罪過，指著鼻子、臉申斥，讓珍妃跪在地下敬聽，指定申斥是在吃午飯的時間舉行。申斥完了以後，珍妃必須向上叩首謝恩。這是最嚴厲的家法了。別人都在愉快地過節日，而她卻在受折磨。試想，在吃飯以前，跪著聽完申斥，還要磕頭謝恩，這能吃得下飯嗎？珍妃在接旨以前，是不願意蓬頭垢面見我們的，必須給她留下一段梳理工夫。由東北三所出來，經一段路才能到頤和軒。我在前邊引路，王德環在後邊伺候。我們伺候主子慣例是不許走走道中間，一前一後在走道旁邊走。小主一個人走在走道中間，一張清水臉兒，頭上兩把頭摘去了兩邊的絡子，淡青色的綢子長旗袍，腳底下是普通的墨綠色緞鞋（不許穿蓮花底），這是一幅戴罪的妃嬪裝束。她始終一言不發，大概她也很清楚，等待她的不會是什麼幸運的事。

「到了頤和軒，老太后已經端坐在那裡了。我進前請跪安複旨，說珍小主奉旨到。我用眼一瞧，頤和軒裡一個侍女也沒有，空落落的只有老太后一個人坐在那裡，我很奇怪。

「珍小主進前叩頭，道吉祥，完了，就一直跪在地下，低頭聽訓。這時屋子靜得掉地下一根針都能聽得清楚。

「老太后直截了當地說：『洋人要打進城裡來了。外頭亂糟糟，誰也保不定怎麼樣，萬一受到了汙辱，那就丟盡了皇家的臉，也對不起列祖列宗，你應當明白。』

「話說得很堅決。老太后下巴揚著，眼連瞧也不瞧珍妃，靜等回話。

「珍妃愣了一下說：『我明白，不曾給祖宗丟人。』

「太后說：『你年輕，容易惹事！我們要避一避，帶你走不方便。』

「珍妃說：『您可以避一避，可以留皇上坐鎮京師，維持大局。』

「就這幾句話戳了老太后的心窩子了，老太后馬上把臉一翻，大聲呵斥說：『你死在臨頭，還敢胡說。』

「珍妃回嘴：『我沒有應死的罪！』

「老太后說：『不管你有罪沒罪，也得死！』

「珍妃說：『我要見皇上一面。皇上沒讓我死！』

「太后說：『皇上也救不了你。把她扔到井裡頭去。來人哪！』

「就這樣，我和王德環一起連揪帶推，把珍妃推到貞順門內的井裡。珍妃自始至終嚷著要見皇上！最後大聲喊：『皇上，來世再報恩啦！』

「我敢說，這是老太后深思熟慮要除掉珍妃，並不是在逃跑前，心慌意亂，匆匆忙忙，一生氣，下令把她推下井的。

「我不會忘掉那一段事，那是我一生經歷的最慘的一段往事。回想過去，很佩服二十五歲的珍妃，說出話來比刀子都鋒利，死在臨頭，一點也不打顫——『我罪不該死！』『皇上沒讓我死！』『你們愛逃跑不逃跑，但皇帝不應該跑！』——這三句話說得多在理，噎得老太后一句話也回答不上來，只能耍蠻。在冷宮裡待了三年之久的人，能說出這樣的話，真是了不起。

「你們知道，我是提前由西安回來的。把老太后迎回宮裡來，不到三天，老太后就把我攆出宮來了。老太后說，她當時並沒有把珍妃推到井裡的心，只在氣頭上說，不聽話就把她扔到井裡去，是我逞能硬把珍妃扔下去的，所以看見我就生氣、傷心。因此她把我硬攆出宮來。後來桂公爺說，哪個廟裡沒有屈死鬼呢！聽了這話，我還能說什麼呢？自從西安回來後，老太后對洋人就變了脾氣了，不是當初見了洋人，讓洋人硬磕頭的時候了，而是學會了見了洋人的公使夫人笑著臉，拉拉手了。把珍妃推到井裡的事，洋人都是知道的，為了轉轉面子，就將罪扣在我的頭上了。這就是老太后虧心的地方。說她虧心並沒有說她對我狠心，到底還留我一條小命，如果要拿我抵償，我又有什麼辦法呢？想起來，令人覺得害怕。自從離開宮以後，再也不敢沾宮的邊，我怕把小命搭上。聽桂公爺說，攆我出宮，是榮壽公主給出的主意，這個主更不好惹。」崔玉貴的話就說到這兒。

珍妃被處死的真實原因

聽完了老宮女敘說珍妃遇害的事，不禁使我低頭長嘆。珍妃所以在冷宮裡忍辱等了三年，無非是盼望光緒好起來，自己也跟著好起來，「但願天家千萬歲，此身何必恨長門」，只求光緒能好，在冷宮裡忍幾年也算不了什麼！當雙方都困難的時期，彼此隔離，「身無彩鳳雙飛翼，心有靈犀一點通」。她和光緒的心情，是很容易理解的。但在老太后那樣的兇狠壓迫下，光緒又怎能好起來呢？只能喟嘆「朕還不如漢獻帝」罷了（光緒在瀛台被困時，看《三國演義》自己嗟嘆的話）。做了三十年的皇帝，連自己唯一知心的女人都庇護不了，「噤若寒蟬」，死了愛妃問都不敢問一聲，也真讓人可憐了。過去唐朝李商隱曾譏諷唐明皇說：「可憐四紀為天子，不及盧家有莫愁。」玄宗當了四十多年的皇上，到後來被迫在馬嵬坡讓楊玉環自縊身亡，還不如莫愁嫁到盧家能夠白頭偕老。這雖與光緒的性質完全不同，但可以說是殊途同歸吧！遙想當年，「小喬初嫁了」，到光緒身邊，備受恩寵，也曾經發過這樣的癡問：「皇上這樣地對待我，不怕別人猜忌我嗎？」光緒很自負地說：「我是皇上，誰又敢把你怎麼樣呢？」（見德齡《光緒秘記》）單純的光緒把一切估計得太簡單了，這正像搞戊戌變法一樣，對政局的估計太簡單，可憐只落得在逃亡路上用紙畫個大烏龜，寫上袁世凱的名字，黏在牆上，以筷子當箭，射上幾箭，然後取下剪碎以洩憤罷了。堂堂天子，萬般無奈（見吳永《庚子西狩叢談》）。我們對清代宮廷的事，不可能十分了解，但從珍妃井可以大致推想得出來，當時宮裡後妃論聰明才智，有政治頭腦的，可以說非珍妃莫屬了，將來寵擅六宮，是絕對無疑的。但與老太后政見不合，留下此人，終成禍患，一有機會非置之死地不可。俗話說「量小非君子，無毒不丈夫」。預先砍去光緒的左右手，免得慈悲生禍患，到將來樹葉落在樹底下，後悔也就來不及了。老太后對這件事是預謀已久的。我贊成崔玉貴的話，「絕不是臨跑前倉促之間的舉動」。如果說因為珍妃年輕貌美，怕招惹是非，丟了皇家的體面，那麼慶親王的女兒四格格，比珍妃還年輕，也是出名的漂亮，也可以說是金枝玉葉吧，為什麼帶著她跑到西安呢？前後一對比，老太后的心事是昭然若揭的。過去看小說，看到宋太祖這樣的一段事，大將曹彬奉命兵伐江南，江南小朝廷李煜趕緊派使臣來問原因，並說：「我們沒有禮貌不周的地方呀，為什麼興兵討伐我們呢？」趙匡胤很直率地說：「大丈夫榻旁豈容他人鼾睡。」（《宋史》《新五代史》記李煜遣使奉表求朝廷緩師，宋廷「不報」「不答」）這大概就是珍妃致死的原因吧！——歷史是容許人聯想的。

努爾哈赤被大炮彈炸死真相

梅毅

清太祖努爾哈赤，是一位具有傳奇色彩的大英雄。他以十三副鎧甲起兵，出生入死，功勳卓著，也曾身陷囹圄；他多次遇刺卻能逢凶化吉。關於努爾哈赤的死因眾說紛紜，有的說是在寧遠攻城時曾被袁崇煥打傷；有的說努爾哈赤的死因應是憂鬱症。那麼究竟是什麼原因令努爾哈赤抱恨而死呢？

禍起蕭牆

廣寧大敗的消息傳至明朝京城，朝中兵部尚書張鶴鳴嚇得差點尿褲子，為減輕罪責，他馬上「自告奮勇」去山海關「督師」。明熹宗做木匠活兒之餘，聞言大喜，馬上賜其尚方寶劍，讓他赴山海關。

躲過追查責任這一關，張鶴鳴擦下一頭冷汗，一路磨磨蹭蹭，行了二十天才抵達山海關。然後，他立即以自己身染重病為由，遞上辭呈，溜回老家。

明廷只得另覓人選，決定讓兵部右侍郎解經邦經略遼東。這位文人膽子奇小，連連辭任，即使被朝廷革職也在所不惜。丟官可以回家頤養天年，丟命可就吃啥不香了。最後，明廷只得進行「民主」集議，誰得票多，誰就得去。選了半天，王在晉被大家選中，任其為兵部尚書兼都察院右副都御史，經略遼東、薊鎮、天津、登萊等處軍務。如此職高權大的位置，王在晉力辭。最後，明熹宗發怒翻臉，表示假如再敢推辭，「國法不容」。勉強之下，王在晉只能受命。他集中近十二萬精兵於山海關，本人坐鎮關上。

本來，明朝前期，主要邊防力量皆在今天的山西、內蒙等地，嚴防退走大漠的蒙古人捲土重來。但是，明中期開始，東北滿族分力興起，遼東成為邊防重地，明朝「竭盡四海之物力以奉榆關（山海關）」，每每在此處關壘內外布防重兵十數萬人，成為阻止滿洲鐵騎入北京的最重要的關口。由於是咽喉要地，「繫天下安危於一垣」。幾十年來，滿族騎兵屢屢試探性進攻，均於關前止步，無法逾此天險雄關，只能多次繞過山海關從別的隘口越過長城馳騁於華北平原。雖然克勝連連，但皆是得而失之，搶掠而去，原因正在於「山海關控制其間，則內外聲勢不接。即入其他口，而彼（明軍）得繞我後路」（魏源《聖武記》），由此，「（清軍）所克山東、直隸郡邑，輒不守而（棄）去，皆由山海關阻隔之故」。

山海關這一組龐大的防禦體系，是經過明朝兩百六十多年長期經營而最終完成的，它以長城為主線，以山海關城為中央點，共有十大關隘、七座衛城、三十七座敵臺、十四座烽火臺等建築組成，不僅主次分明，且點線呼應，布局合理，設計科學。其十大關隘南從老龍頭開始，中間經山海關城，東北延至一片石（九門口），共二十六公里，十座險關扼咽，重興疊嶂，入海為城，確實有「一夫當關，萬人莫開」之勢。值得一提的是，民族英雄戚繼光在平定東南沿海倭患後出鎮薊州，在山海關一帶大修武備，練習士兵，改進武器，鞏固了山海關一帶的山海之防。

王在晉本人並不知兵。他到任後，並沒提出有價值的戰略思想，只提出他自己的「八字方針」——「拒奴撫虜，堵隘守關」。後四字不必講，核心內容是前四個字，拒奴，就是抵禦女真的後金；撫虜，就是想大砸銀子收買蒙古部落「以虜制奴」。此外，他還提出在山海關外重築一關的不切實際的招數。幸虧不久後，為明熹宗侍講的大學士孫承宗前往山海關做實地考察，與袁崇煥等人一起否決了王在晉關外建關的荒謬建議。所以，這位王尚書在山海關幾個月，基本上沒有什麼實際作為，皇皇萬言的奏書寫了許多份，皆是書生空談。

別的大臣視遼東如畏途，大忠臣孫承宗卻以大學士之尊，自己主動要求去山海關擔任遼東經略。他到任後，推薦副總兵趙率教、滿桂二人為助手，與袁崇煥一道，堅持力守關外的戰略方針，在寧遠、錦州一線布防，依託山海關，使之成為自努爾哈赤至皇太極均不能逾越的堅實防禦體系。

孫承宗派出將領至錦州、松山、杏山、右屯、大淩河、小淩河各處築繕城守，如此，自甯遠城向前又推進兩百多里，其間至山海關共四百里，加固了以寧遠為中央的寧錦大防線。

孫大學士賣命賣力，但京城內大太監魏忠賢等人以柳河之戰明軍損失幾百人為口實（柳河之役是明將馬世龍的冒失進攻，其實只是小規模戰敗，無礙大局），竭力攻擊孫承宗，無法承受此番迫害，最後他不得不請辭回家。

孫承宗走後，閹黨成員高第接手山海關防禦。

這位高第甫上任，出於膽怯，他就下令撤除寧錦防線，命外出明軍回縮到山海關布防。為此，身在甯遠的袁崇煥毅然抗命不從，表示寧可死於城中，決不回撤。袁崇煥果斷，別的明將不得不聽命，紛紛從錦州、右屯等地狼狽回撤，丟失糧儲無數。數十萬遼民，也哭天喊地只得重回關內。

甯遠大捷

袁崇煥，字元素，廣東東莞人，萬曆四十七年進士。「為人慷慨膽略，好談兵。遇老校退卒，輒與論塞上事，曉其扼塞情形，以邊才自許」。天啟二年，他由邵武知縣任上入京述職，為御史侯恂推薦，破格拔用，升為兵部職方主事。廣甯潰師，無數明軍明將敗撤於關內，惟獨袁崇煥一人單騎出關，隨行隨觀，精心記憶山川形勢，並具體記錄防禦要點。回京後，他上疏奏言：「給我兵馬錢穀，我一人足守山海關外！」明廷當時為之一振，立擢其為僉事，監關外軍，發帑金二十萬給袁崇煥，讓他招兵買馬。

行前，他去看望了被「雙規」軟禁在京城的熊廷弼。兩人晤談整整一天，相見恨晚。特別是老熊得知這位袁爺持與自己同樣的「先守後戰」的戰略方針，大喜之下，知無不言，言無不盡，向袁崇煥傳授了自己寶貴的戰爭經驗，並畫具體地圖與對方。

到山海關後，袁崇煥撫定哈剌慎諸部，深夜進駐中左所（距山海關約四十里）。在孫承宗支持下，他在天啟四年（1624年）重築寧遠城，使這個原本的堡壘小城，儼然成為關外重鎮，防守設施極其完備。

果不其然，天啟六年（1626年）開春，努爾哈赤親率六萬後金精兵，矛戈一新，直向寧遠殺來。此城位於遼西走廊中段，西距山海關一百公里左右，東距瀋陽三百公里，北依高山，南瀕大海，實為通往山海雄關的咽喉所在。

此次出兵，後金號稱二十萬。努爾哈赤抵達寧遠後，先招降袁崇煥。袁崇煥笑謂使者：「二十萬大軍，沒那麼多吧，聽說只有十三萬，我大明將士，又有何懼！」然後，他率大將滿桂、祖大壽等人集體招集將士，誓以死守。為激喚忠義之氣，袁崇煥熱血為書，親執牛酒，遍拜將士。明軍上下思憤，踴躍效死。

於是，在袁崇煥精密布置下，明軍盡撤城周百姓入城，堅壁清野，並在城上安置了當時最為先進的西洋「紅夷大炮」十餘門。值得一提的是，寧遠城內，明軍只有兵力不到兩萬人。

見勸降不成，努爾哈赤下令後金軍進攻。一時之間，後金大辮子兵蔽野而來。他們群湧向前，先推楯車，依次的弓箭手、車兵、重鎧鐵騎，堅實而又殺氣騰騰地往城牆方向移動。

袁崇煥鎮靜淡定，手揮令旗，明軍發炮。震耳欲聾之間，炮彈在後金隊伍中開花，堅厚高大的楯車以及周遭的推車後金士兵頓時間被炸成木肉混合的屑沫，紅霧狂飛。

即使如此，後金兵仍奮不顧死，螞蟻一樣踴至城下，玩命挖鑿城牆。幸虧天寒地凍，寧遠城多處城牆磚石雖然鑿穿，但凍土堅實，沒有垮塌下來。

由於攻至城下的後金士兵不在大炮射程內，明軍想出新招，把火藥塞入棉被中，投入牆下正挖牆角的後金士兵群中。然後，守城明軍用弓箭射火，登時棉被四處開花，大火燒死不少後金兵，他們攻城的楯車、雲梯也被紛紛點燃。

這樣，激戰二天後，由於寧遠城上紅夷大炮太厲害，努爾哈赤只得望城興嘆。唯一讓他略感安慰的是，後金一部攻殺覺華島守衛糧倉的明軍數千人，總算掙回一點面子。惱急之餘，後金軍把島上數千居民均屠殺殆盡。

二十七日，努爾哈赤騎著高頭大馬，撤圍前想親自再看一眼寧遠城。結果，大炮又響，一枚鐵丸透入堅甲，直插入他的背中。雖然當時不要命，也使得這個老女真賊酋立馬吐血。受傷加上兵員重挫，他只能下令解圍回軍。

後金軍撤退途中，袁崇煥命令祖大壽、滿桂等人率領明軍追擊，突出奇兵，把代善一軍殺得大敗虧輸，金雞嶺下，留下兩三千大辮子的屍體。後金軍狼狽而去。

真實死因

由於高麗參一天幾根吃著，受傷的努爾哈赤在病榻上殘喘了半年多，最後還是抱恨而死。當然，清朝的官方諱口不言努爾哈赤真實死因，只說他是病死。明朝人講這位奴酋是寧遠失敗後「疽發於背」而死，即氣悶而死。其實，大炮的鐵丸子才是他真正的死因。

勝訊傳來，明廷上下，一片歡呼。八年以來，第一次生挫後金兵鋒。由此，袁崇煥被提升為右僉都御史，加遼東巡撫，諸將各有升賞。當然，「廠臣」魏忠賢功勞最大，「甯運大捷」被說成是他本人「指揮幃幄」的結果，其宗族子弟，為此均得蔭賞。一直駐守山海關畏縮不出兵求援的高第，由於他是閹黨成員，只落得去職閑住的小小處分。

寧遠之戰後，堅城大炮，成為明軍戰略指導思想。為此，明熹宗還下詔封十幾門西洋大炮為「安國全軍平遼靖虜大將軍」，這比起秦始皇封避雨的五棵大松樹為「大夫」，確實有「進步」意義。此後，明與後金之間的形勢，從原先後金單方面的進攻，變成了雙方的戰略對峙。

中國郵史秘聞：中國第一枚郵票不是「大龍」

佚名

中國的第一枚郵票竟然不是「大龍」，明明是清朝的郵票，為什麼原票的票面上竟然全是洋文？而清朝郵票中又暗藏著怎樣的玄機？

中國郵史第一大懸案的真相

大多數人集郵只關注郵票本身，很少去探尋背後的故事。其實，如果把集郵當做學問來做，不僅能讓我們搞清楚哪些是真正值得收藏、投資的好品種，還有機會揭開一些歷史上的謎團。

就拿中國最昂貴的郵票——「紅印花」來說吧。只有那些在原票上加蓋了漢字的「紅印花」，才是真正的郵票；可那些沒有加蓋漢字的原票在一百年前又是做什麼用的呢？明明是清朝的產物，為什麼原票的票面上竟然全是洋文呢？這可是中國郵史上最著名的懸案。

歷史上，很多人一直以為「紅印花」原票是作為印花稅票而被印製出來的，這從它的名字中似乎也能得到證明。但事實並非如此。

第一，當年主管清朝海關和郵政業務的英國人赫德確實向清政府提議過開徵印花稅，而且在奏摺中寫道：「估計一年的稅額可達五百萬銀元。」但實際上，「紅印花」原票的總發行量只有六十五萬枚，每枚面值三分，總計才一萬九千五百銀元。這與奏摺中說的五百萬相差也太大了點吧？

其次，如果「紅印花」真的是印花稅票，那就要推廣到民間被老百姓廣泛使用。可票面上竟然沒有一個漢字，這不明擺著難為人嗎？再說，當時的印花稅業務也不是海關的管轄範圍。如果真是印花稅票，那「紅印花」怎麼會一直鎖在上海海關的倉庫裡呢？所有這些疑問多年來一直被人們所爭論不休，直到上世紀八〇年代，一位菲律賓華僑的一件稀世藏品揭開了所有的謎團。

這位華僑向世人展示的是一張一百枚連張的整版票品，存世僅一版，名叫「棕印花」，與「紅印花」原票的圖案極為相似，被稱為「姊妹花」。上面的一段英文洩露了「棕印花」和「紅印花」的天機。大致意思是「該一百枚票品，面值總計三元，供貼於進口貨物報關簽單上使用」。

原來「紅印花」原票並不是什麼印花稅票，而是進口商品報關時使用的一種海關自用的憑據。由於當時海關完全把持在洋人手裡，所以自然就沒必要在「紅印花」上印上中文了。而且，由於當時很多外國商人都對這種報關的票據十分抵制，所以使用量也不多，六十五萬枚的印量已是綽綽有餘了。

就這樣，隨著一件郵界瑰寶的浮出水面，被世人爭論了近百年的「紅印花」身世之謎終於真相大白了。後來，清朝開辦國家郵政，「紅印花」被大量加蓋成正式的郵票，而現今僅存的原票數量只有區區五十三枚，單枚價值達八十萬元，一枚四方聯更是達到三百多萬的天價！

中國第一枚郵票竟然不是「大龍」

很多人都知道，世界第一枚郵票叫「黑便士」，一八四〇年英國人羅蘭·希爾最先發明了這個新鮮玩意；很多人還知道，中國第一枚郵票叫「大龍」，一八七八年「老佛爺」當政時發明了這個新鮮玩意。然而，事實真的如此嗎？答案是，大多數人只回答對了一半。「黑便士」的確是世界第一，但「大龍」竟然並不是中國第一枚郵票！那麼真正在中國出現的第一枚郵票到底長什麼樣呢？

號稱「中華第一郵」的大龍郵票誕生於一八七八年，它是由清政府發行的第一套郵票。但早在大龍「出生」的十三年前，清朝的土地上就已經出現了上面這種郵票，而它的發行者不是清政府，而是英國人。

一八四〇年鴉片戰爭後，大英帝國用洋槍大炮轟開了自以為「天下老大」的清朝國門，窩囊無能的清政府被迫同帝國主義簽訂了一系列不平等條約，上海、漢口、煙臺等一批大中城市也相繼開放為通商口岸，即商埠。於是洋人們憑藉他們的特權，爭相在商埠設立各自的行政機構——「工部局」，並下設「書信館」，負責郵件傳遞。顯然，這些「書信館」實際上就是殖民者在中國境內擅自開辦的地方郵局。而由外國殖民者發行的郵票就叫做「商埠郵票」，也叫「客郵」。

可能是當年發行「黑便士」郵票讓英國人發了大財，一八六三年英國人最早在租借地開辦了「上海工部局書信館」。並在兩年後率先發行了「上海工部局大龍郵票」，也就是人們經常戲言的「偽大龍郵票」。當然，這裡的「偽」可不是偽造的偽，而只是說它的出身不如真正清朝「大龍郵票」來得正統而已。

此後，漢口、九江、鎮江、蕪湖、南京、威海衛等地的「書信館」也陸續印製了商埠郵票。直到一八九六年三月二十日，光緒皇帝實在看不下去了，正式開辦了國家郵政，商埠郵票才被叫停。

英國人印製的大龍郵票，美術功底實在不敢恭維。畫的是龍不龍，蟲不蟲。與其說是條大龍，倒更像一條肥碩的毛毛蟲。顯然，初來乍到的洋人還沒有把中國龍的精髓吃透。但不管怎麼說，這枚郵票畢竟是中國這片土地上出現的第一枚郵票。如今，這些由洋人發行，但卻充斥著典型中國元素的商埠郵票，已是當年半殖民地半封建社會最生動的歷史記載了。

中國第一枚郵票的前身

龍，雖說是中華民族無可爭議的象徵，但如果有人以為一八七八年清朝第一套郵票——「大龍郵票」的誕生是一帆風順的，那可就大錯特錯了。那麼真正的大龍郵票在發行之前，到底經歷了怎樣的蛻變？

一九七七年，英國德納羅公司將該公司整整一百年前，也就是一八七七年五月設計的清朝首套郵票的圖稿公開發表。這是中國最早的郵票設計稿，也可以算是大龍郵票的前身之一。這枚郵票草稿被壓印在信封上，面值一分，呈圓形，深玫瑰紅色，集郵界習慣稱其為「紅一分．雙龍太極圖」。

此後，負責試辦郵政的清朝海關為了能使第一套郵票一炮走紅，工作態度極為認真，又不辭辛苦地陸續設計了多種郵票草稿。

可惜，以上兩幅稿件都只停留在設計圖階段，並沒有被試印成「樣票」。而另外的兩種圖案「寶塔圖」和「萬年有象圖」則更進了一步，被印製成票。如今，「萬年有象」由於存世極少，最為珍貴。

「萬年有象」設計的著實精美，只可惜大象在中國的地位的確不能與大龍相提並論。也許這枚郵票作為泰國的第一枚郵票倒是更為合適。

歷經了一年多的討論、篩選與修改後，「寶塔圖」與「萬年有象圖」離成功僅一步之遙，但最終還是惜敗於以「雲中蟠龍」為主圖的設計稿。「雲中蟠龍圖」被正式印製成清朝官方發行的第一套郵票，這就是後來大名鼎鼎的「大龍郵票」。

暗藏在清朝郵票中的玄機

如果變個魔術，在一張整版二十五枚的一分銀大龍郵票背面，依次寫上1至25個編號，再將其撕開，並打亂順序，只要憑藉正面的圖案就可以一個不差的將二十五枚郵票按原先順序排列起來，你相信嗎？

其實，這並不是什麼高超的魔術，而是暗藏在整版大龍郵票當中的一個秘密。原來，與那些用現代印刷技術印製出來的郵票不同，整版大龍郵票中的二十五枚郵票，每一枚都有著細微的差別，而這些經常被人忽略的小細節就成了一道「密碼」，成了這些郵票的身分證，使其在整版中對應了一個獨一無二的位置和編號。

大龍郵票中出現的這個玄機引起了後人的極大關注。各種研究觀點五花八門，有人認為這是由當時郵票設計工匠手藝上的偏差所導致的，但這種觀點很快便招致了大多數史學家和郵學家的反對。畢竟，畢昇發明的活字印刷術起源於北宋，其技藝進化到清朝時已經相當成熟。打個比方，我們從來沒有看到哪本古書中的每一個「之」字都各不相同，大相徑庭；而偏偏在如此嚴肅的郵票設計中卻出現了巨大差別。按理說，當時的工藝絕對不至於「糙」到這個程度，再說為什麼同時期先後發行的其他很多郵票就不具有這個特點呢？大龍郵票中的這種奇異現象著實令人匪夷所思。

於是，又有一些專業人士研究認為，這是當時清政府有意設計在郵票中的一套數位或文字密碼，並且只有當時極少數幾個愛新覺羅家族的皇室成員才知道其中的含義，以便溝通國家的高度機密。後來臺灣還有人專門出書對大龍郵票的這一特點進行過詳細的論述，但此書竟與這些百年老票一樣，發行量極少，非常精貴，一本書售價竟然高達十八萬！

如今，集郵家們熱衷於將四處搜集的單張大龍郵票，按照其中暗藏的「密碼」將其歸位到整版中的準確位置上。而如果能將二十五枚郵票全部集齊，便可以組合成一個完整的方格，叫做「複組全格」。不過，這其中的難度可是非常大的！如今，一套大龍郵票的「複組全格」已是難得一見的珍品，更成為拍賣會上的搶手藏品。誰如果有興趣，不妨也從今天開始，加入到收藏大龍郵票的行列中，或許其中的密碼正在等待你的破解。

老北京探秘：誰是天安門城樓的設計者？

葛忠雨

北京有著三千餘年的建城史和八百五十餘年的建都史，是全球擁有世界文化遺產最多的城市，同時也是歷史文化名城和中國八大古都之一。自秦漢以來，北京地區一直是中國北方的軍事和商業重鎮。北京在歷史上曾為五代都城，在從遼朝起的八百多年裡，建造了許多宏偉壯麗的宮廷建築，其中的故宮原為明、清兩代的皇宮，住過二十四個皇帝……

那麼，誰是天安門城樓最初營建的設計者，故宮為什麼又稱紫禁城，紫禁城裡究竟蘊藏了多少未解之謎？

老北京的不世傳說

北京，作為中國的六朝古都，在古老而富有韻味之中又摻雜了現代都市繁華的龐大城區，向東南方鋪展的廣闊平原，加之逶迤蜿蜒、鎮守城區西北的太行山脈和燕山山脈，成就了北京獨特的魅力。在這裡，園林遺跡，古剎皇陵，給北京城注入了深厚的人文底蘊；而縱貫京城南北的雙龍布局，則給皇家古城披上了一層神秘的面紗。

老北京人常說：「北京城是漂來的。」當時產自南方的大米、絲綢、茶葉、水果等基本物質資料正是經由大運河「漂過來」的，使得京城百姓的正常生活得到了保障和豐富。那流光溢彩、莊嚴肅穆的故宮，那建築精緻宏偉的天壇，那風景如畫的頤和園……所有這些都與大運河有密切關聯。京杭大運河一直默默地輸送著建設京城所必需的金磚、楠木等物料，孕育著眾多的名城古鎮，為溝通中國南北經濟、文化發揮了巨大作用。所以，說京杭大運河是北京養家糊口的母親，一點也不為過。

即使在新時代的今天，不像長城因隨著防禦功能的減退而早已變成了名副其實的文化遺產，人們卻一直深受著大運河的恩澤，它仍是一筆仍發揮著功用的珍貴遺產，人們的日常生活行為依舊與它有著緊密的聯繫，也許正因為如此，人們對大運河的重要功用與地位反倒熟視無睹了。

這是世界上里程最長、工程最大、最古老的運河之一，它恰似一條綿長而又柔和的玉帶，一頭繫著北京，一頭又連接著杭州，就這樣蜿蜒流淌了千百年。時光飛逝，風雲變幻，唯有它貫穿南北，橫亙古今，激蕩著中華民族的勇敢和智慧，目睹了運河周圍發生的故事，如一首生生不息的民族讚歌。直到今天，河上川流不息的船隊仍然點綴、見證著運河的生命力。民間流傳，「先有潭柘寺，後有北京城」，而從大運河對北京城的重要性來說，也完全可以這樣說，沒有大運河，就沒有北京城。

天安門城樓的設計者

關於天安門城樓的設計者，大多數人公認的是蒯祥。蒯祥（1397年~1481年），生於明初洪武年間，為江蘇省蘇州府吳縣香山人，其父是當時很有名望的工匠。由於深受父親的影響，蒯祥在三十多歲的時候即「能主大營繕」，是位造詣很高的木匠。永樂十五年，明成祖朱棣重建北京城的時候，在全國徵召能工巧匠，於是蒯祥同許多技藝高超的工匠一起被征到北京。由於他技藝超群，在營造中充分發揮出建築技藝和設計才能，很受督工（建築師）

蔡信等人的重用，明永樂十八年（1420年）皇宮宮殿落成以後，蒯祥便被提升為工部營膳所丞。

蒯祥不僅木工技術純熟，還有很高的藝術天賦和審美意識。據記載，蒯祥能以雙手握筆同時畫龍，合二為一，一模一樣，技藝可謂是爐火純青。在當時營建宮殿樓閣之時，他只需略加計算，便能畫出設計圖來，待施工完畢後，建築與設計圖樣大小尺寸分毫不差，就連明憲宗也很敬重他。一四二〇年，承天門建築完工後，他受到眾口一詞的讚揚，被稱為「蒯魯班」。後來，蒯祥官升至工部左侍郎。在他任職期間，先後參與了不少修建工程，包括明英宗正統年間重建三大殿，天順年間興建裕陵。「凡百營造，祥無不與。」《憲宗實錄》中這樣評說。

不僅如此，蒯祥受人稱讚的還有他的人品，儘管他的官職很大，但是他為人仍然非常謙遜儉樸。到了晚年，雖然他已經主動辭官隱退，但每當有營造工程向他請教時，他還是非常熱心地指導。蒯祥死於明成化十七年（1481年）三月，終年八十四歲。過去在北京曾經有一條蒯侍郎胡同，據說他就曾在這裡住過。蒯祥的後代子孫大多繼承了他的技藝，直到晚清時，仍有「僅江南木工巧匠皆出香山」的說法。

不過，對於天安門城樓的設計者，也有人持不同意見，認為是蔡信。

因為營建北京宮殿是一個浩大的工程，而且當時皇上是在全國徵召的能工巧匠，技藝高超者不獨蒯祥一人。更何況，在營建的過程中曾先後湧現出許多的著名工匠。除工於設計的蔡信、瓦工出身的楊青（官至工部侍郎）外，還有與蒯祥同時代的著名雕刻石匠陸祥等人。有人通過查閱資料發現，在宮殿初建的階段，蔡、楊二人是起了很大的作用的，只不過他們當時都是年事已高，而蒯祥正值壯年，又工於計算和繪畫，在蔡信、楊青去世以後，大量的皇家工程都由蒯祥來主持，所以無形中他的地位與作用被凸顯了出來。故宮博物館古建築部高級工程師于倬雲先生也說，過去大多數人都認為曾經主持建造南京宮殿的蒯祥是故宮的設計者，這個說法不確切，其實蒯祥只是故宮的施工主持人，設計人應該是名不見經傳的蔡信。

據史載，與蔡信同時負責營建故宮工程的，還有瓦匠出身的建築師楊青、石匠出身的陸祥，其後有木匠蒯祥、郭文英、徐果等人。可是宮殿竣工後，蒯祥等人升為工部侍郎，而蔡信卻榜上無名。實在是造化弄人，歷史給了蔡信施展設計才華的機會，卻沒因此而給他帶來應有的地位與榮譽。

揭秘皇城三大殿

在歷史上，中國古代都城、宮殿的選址，都非常注意人與自然環境之間的關係，力求做到使其在全國的地理位置、京畿的外局大勢、城市內局布置等方面，都臻於完美。從方位布局上說，紫禁城就是處於了北京城的最佳位置，三大殿所處之處即是明堂所在之地，可謂是居天下之中心，正與天空中央玉皇大帝所居的紫微宮相對應。

俯瞰故宮，巍然崛起的三座大宮殿顯然就是整個故宮的重點，是整個「紫禁城」內建築的核心。以整個故宮來說，那麼精雕細刻的美妙技藝，那麼雄偉莊嚴的氣魄，又那麼獨具匠心的整體布局，毫無疑問，它是全世界建築藝術中的絕品，也是人類偉大智慧的結晶。

從整體來看，太和、中和、保和這三座宮殿是前後排列而同立在一個龐大的工字形白石殿基上面的。這種台基過去被稱為「殿陛」，共高二丈，分三層，每層有刻石欄杆圍繞，台上列銅鼎等。台前石階三列，左右各一列，路上都有雕鏤隱起的龍鳳花紋。這樣大尺度的一組建築物，是用更宏大氣魄的庭院圍繞起來的。在庭院的四周有廊屋環繞，在太和與保和兩殿的左右還築有對稱的樓閣，和翼門的四角又建造有小角樓。這種對稱、拱衛的建築布局是中國特有的傳統，也體現了古代社會主流的審美觀念和君權之上的集權意識。

三殿中，太和殿最大，是中國乃至世界上最大的木結構大殿。橫闊十一間，進深五間，外有廊柱一列，全殿內外立著七十二根大柱，是由四個傾斜的屋面、一條正脊和四條斜脊組成的。瓦頂，全部用黃色的琉璃瓦，光澤燦爛，同藍色天空遙相輝映。底下彩畫的橫額和門、朱漆柱、金瑣窗，也同白石階基也作了強烈的對比。這個殿建於康熙三十六年，到現在已經有兩百五十五年的光陰了，但結構依然非常整嚴，華美動人。

中和殿在工字基台的中心，保和殿則立在工字形殿基的北端，東西闊九間，每間尺度又都小於太和殿。殿頂，是明萬曆年間「建極殿」的原物，是沒經歷過破壞和重建的，至今上面童柱上還留有「建極殿」的標識，它是三殿中年壽最古老的，到現在已經有三百三十七年的歷史了。

三大殿中的兩殿，一前一後，中間夾著略為低小的單位所造成的格局，是它美妙的特點。如果只是用文字來形容三大殿的話，那簡直是不可能的，要想對故宮三大殿有更為深刻、真切的印象，那就需要自己親自走進那妙不可言的境地當中才行。

故宮又稱紫禁城之謎

北京故宮為什麼又被稱作紫禁城，這裡面隱藏著什麼玄機呢？

皇家宮殿是在明成祖時期開始修建的，先後有明、清兩代二十四個皇帝在此執政。關於金碧輝煌的皇家宮殿被稱為紫禁城的原因，大致說來有以下幾種說法：

一種說法認為這與古時候「紫氣東來」的典故有關。相傳春秋末年，道家學派的創始人老子即將出函谷關的時候，守關人看見有紫氣從東而至，不久，老子騎著青牛從東方而來，自然守關人便認為他是聖人。於是守關人請老子寫下了著名的《道德經》。因此紫氣便被認為是具有吉祥的含義，也預示著聖賢和寶物的出現。對此，杜甫曾賦詩曰：「西望瑤池降王母，東來紫氣滿函關。」從這以後，古人就把祥瑞之氣稱為紫雲，傳說中的仙人所居住的地方便被稱為紫海，將神仙稱為紫泉，城郊外的小路則稱為紫陌。俗話說「紫氣東來，象徵吉祥」，由此可知紫禁城中的「紫」字是大有來頭的。又因為皇帝居住的地方防備森嚴，尋常百姓難以接近，所以被稱為紫禁城。

還有人認為紫禁城的來歷與迷信和傳說有關。在古代，皇帝都自命為天帝之子，也就是天子。天宮是天帝居住的地方，也自然是天子的居住之地。《廣雅・釋天》上說：「天宮謂之紫宮。」因此皇帝住的宮殿就被稱為紫宮。

還有一種說法認為，紫禁城的來歷與古代「皇垣」學說有關。古代的時候，天上的星垣被天文學家們分為三垣、二十八星宿及其他星座。三垣是指太微垣、天市垣和紫微星垣。而紫微星垣是代稱天子的，處於三垣的中央。古時有「紫微正中」之說和「太平天子當中坐，清朝官員四海分」之說。既然古人將天子比作紫微星垣，那麼紫微星垣也就成了皇極之地，所以稱帝王宮殿為紫極、紫禁、紫垣，稱這座帝王之城為紫禁城確實名副其實。

宮門：解讀故宮之謎的鑰匙

北京故宮的內廷宮殿、宮門上的匾額都是用滿、漢兩種文字書寫的，而外朝宮殿、宮門上的匾額則是只用漢文書寫，這到底是什麼原因呢？

在明朝的時候，宮城（紫禁城）所有宮殿、宮門上的匾額都是用漢文來書寫的。只是到了清代，由於滿文代替漢文而變成了國文，在順治皇帝進駐宮城以後，就把皇宮中所有宮殿、宮門上的匾額都改成用漢、滿兩種文字來並列書寫的，而且少數匾額上還出現了蒙文，一般是滿文在左，漢文在右邊，這是由於人們習慣上都以左為上右為下，所以滿文都寫在了左邊。

一九一一年爆發了資產階級的辛亥革命，推翻了清王朝的統治，宣統皇帝也被迫宣布退位，但當時他仍然住在後廷裡，也就是乾清門以北的宮中。而外朝的太和殿、中和殿、保和殿等宮殿都交給了民國政府使用。後來，袁世凱竊取了辛亥革命的成果，當上了中華民國的大總統。但他貪心不足，還要恢復已經廢除了的帝制。後來，經過他和謀士的籌畫，篡權成功，並自封年號為「洪憲」。由於他的行為是逆歷史潮流而動，所以他剛復辟，就立刻遭到了全國人民的一致聲討，人們的反帝情緒也一天比一天高漲。袁世凱深知自己太不得人心了，這個皇帝恐怕也當不了多久。可他自己又欲罷不能，於是就把自己的心腹一個叫王景泰的人召到密室，商量對策。

王景泰說主要是想個法子穩定人心，所以就建議袁世凱把紫禁城所有宮殿、宮門上匾額的滿文都去掉，只留下漢文，以表示他們也是反對清朝的。如此做法，老百姓或許就不會反對袁世凱當皇帝了。袁世凱一聽，此話還真有幾分道理，眼下一時又想不出更好的辦法來，就急忙寫了一道「聖旨」，要在十日之內，把紫禁城內所有宮殿、宮門匾額上的滿文都去掉。可「聖旨」剛要往下發，他又想到內廷裡還住著宣統皇帝和清廷的遺老遺少們，怕遭到他們的反對，於是他將「聖旨」改了一下，寫成了「把外朝宮殿、宮門匾額上的滿文都去掉」。這樣清廷的遺老們不到外朝來，自然也就不知道外朝宮殿、宮門匾額上的滿文沒了，也就不會對他的舉動有所反感了。

王景泰接了「聖旨」後，就連忙帶著一幫人把外朝所有宮殿、宮門匾額上的滿文都去掉了，從而改成漢文單書了。這就是為什麼內廷宮殿、宮門上的匾額都是用滿、漢兩種文字書寫的，而外朝宮殿、宮門上的匾額則是只用漢文書寫的原因。

不過，儘管袁世凱把外朝所有宮殿、宮門匾額上的滿文都去掉了，並派人到宮外大肆宣揚了一番，還上了大報、小報。可老百姓到底還不買他的賬，討袁的呼聲仍是越來越大，結果他的皇帝夢只做了八十三天就徹底破滅了。雖然袁世凱最終被趕下了台，但紫禁城中被他改過的外朝宮殿、宮門上的匾額卻都保留了下來，成為了現在遊人所見到的奇特的景觀。

正陽門箭樓千斤閘探秘

正陽門，原名麗正門，俗稱前門。從整體結構上看，它包括正陽門箭樓和正陽門城樓，原先的時候是由甕城牆連為一體的，後因修路分割成了兩個部分。

根據史書記載，當時的城樓、箭樓規模宏大；甕城的氣勢雄渾，是老北京城垣建築的傑出之作。歷經歲月的滄桑變遷，到今天僅有城樓和箭樓存在，是目前北京城內唯一保存較為完整的城門。

作為明清時代內城的正門，正陽門是最早修建完工的城門，也是京師九門中規模最高、最為壯麗的城門。明朝正統元年至四年（1436年～1439年）改建並加修甕城箭樓，是當年全城最高的建築。古人以南為陽，以南為正，遂更名為「正陽門」，只供皇帝出入，因此又稱「國門」，俗稱「前門」。

據資料顯示，正陽門箭樓占地三千零四十七平方公尺，城台高十二公尺，門洞為五伏五券拱券式，是內城九門中唯一箭樓開門洞的城門。箭樓上下共四層，而且在東、南、西三面開箭窗九十四個，供對外射箭用。箭樓四闊七間，寬六十二公尺，北出抱廈五間，寬四十二公尺，樓高二十四公尺，門兩重，後面為對開鐵葉大門，前面的則為吊落式閘門，這就是名聞天下的千斤閘。

明朝初年開始建造的正陽門箭樓的千斤閘，從表面上看來，閘門的外層是鐵皮包成的，上面布滿了加固的鐵釘，裡面是實木，據相關人士的測量，閘門寬六公尺，高六點五公尺，厚度則為九公分，重量為一千九百九十千克，是北京乃至全國古代歷史名城中最大的千斤閘。從工作機制上看，開閘時，閘門升至門洞以上城台內閘槽中；關閘時，閘門從閘槽中平穩落下，形成一道「牢不可破」的屏障。

經過近來相關專家的研究，人們發現，正陽門箭樓千斤閘開關閘的結構設計與運作原理非常合理，也非常科學。走近箭樓，我們就會發現，門樓一層有一對顯而易見的千斤閘主結構——絞盤柱，而且在每根絞盤柱自一層地面向上一公尺處的地方，都有兩個絞杠的插孔，是「十」字絞杠的軸心。閘槽頂部位於兩個絞盤正南二點八公尺處，閘槽長六點二公尺。兩個絞盤正南方通向閘槽之間各有一塊的「支撐石」，「支撐石」南北長〇．九公尺，東西寬〇．六公尺，高〇．六六公尺。

當然，這並不是千斤閘機關的所有部件，它還包括其他的輔助部件，這當中包括兩根保險梁和保險繩。保險梁就位於兩根絞盤柱的內側，南北長三．〇五公尺，東西間距也有二點六公尺，每根保險梁的直徑則是十九公分，南北方向跨在閘槽上方一公尺的位置上。就這樣，整個千斤閘運作起來，顯得非常的科學，是中國古代勞動人民聰明才智的傑出代表。

前門大柵欄之謎

大柵欄是北京非常古老，也非常有名的古老街市和繁華的商業鬧市區，在一點二六平方公里的範圍內，保存著大量原汁原味的古老建築。這些古老的建築和發生在它們中間的逸聞趣事，都是古都北京重要的人文瑰寶和文化資源。

地處古老北京城中心地段的大柵欄，從東口至西口全長兩百七十五公尺，是南中軸線的一個重要組成部分，歷史上就是一個繁華的商業區。如果追溯它的源頭，就要追溯到明代孝宗弘治元年，當時孝宗下令在北京城內大街曲巷設立柵欄，並派士兵把守，以防盜賊，從那時開始到現在大柵欄已經有五百八十年的歷史了。當時，北京有「宵禁」，為了防止盜賊隱藏在大街小巷之內，由朝廷批准，在北京很多街巷道口，建立了木柵欄。但「大柵欄」最初並不稱此名，而是叫廊房四條，附近還有廊房頭、二、三條。到了清代，這裡已成為主要的商業中心，因為買賣多，為了能夠有效地防止盜賊，柵欄建得比其他地方都大，也都好看，所以才叫「大柵欄」。

它在北京歷史上曾經是繁華的商業娛樂中心，過去人們以「京師之精華盡在於此，熱鬧繁華，亦莫過於此」的美譽來稱讚大柵欄。

大柵欄自明朝永樂十八年（1420年）以來，在歷史上，雖有沉浮，但這條古老的商業街之所以能經受五百八十多年的歷史風雨而不敗，自有它獨特的地方。老北京有句順口溜：「看玩意上天橋，買東西到大柵欄。」「頭頂馬聚元，腳踩內聯升，身穿八大祥，腰纏四大恒」說的都是早年間大柵欄的地位和繁華景象。

一九〇〇年，八國聯軍攻侵北京，放了一把火，把大柵欄燒成一片瓦礫。但是不久，它又重建起來，大體上就成了今天這個樣子。大柵欄在清除了封建糟粕後，出現的是一片商業街的景象。

第三篇

史海獵奇

騙財騙色騙皇帝？明代公主下嫁平民！

漢武帝豔遇一次，十萬條人命作陪禮！

孫武實練孫子兵法，殺吳王寵妃無罪！

史料如海無奇不有，不可考的歷史情節都有可能曾經發生。

花間才子溫庭筠的荒唐事

王青笠

開創花間派的大才子溫庭筠，其詞作溫軟旖旎，很容易令人聯想到他是如何倜儻瀟灑、玉樹臨風。可實際上他是個大大的醜八怪。溫庭筠擅長的另一套業務就是荒唐胡鬧……

溫庭筠（812年～約870年），本名岐，字飛卿，太原祁縣（今山西祁縣）人，唐宰相溫彥博後代。文思敏捷，精通音律。

他的詩辭藻華麗，少數作品對時政有所反映，與李商隱齊名，並稱「溫李」。亦作詞，他是第一個專門致力於「倚聲填詞」的詩人，其詞多寫花前月下、閨情綺怨，形成了以綺豔香軟為特徵的花間詞風，被稱為「花間派」鼻祖，唯題材偏窄，被人譏為「男子而作閨音」。

小山重疊金明滅，鬢雲欲度香腮雪。懶起畫蛾眉，弄妝梳洗遲。照花前後鏡，花面交相映。新貼繡羅襦，雙雙金鷓鴣。（《菩薩蠻》）

看溫庭筠的那些詞作，又是何等溫軟旖旎。所有這些，很容易令人聯想到溫庭筠是怎麼地倜儻瀟灑、玉樹臨風。可實際上他是個大大的醜八怪，在溫庭筠的多個外號中，最有名的就是「溫鍾馗」。連鬼見了鍾馗都要嚇跑，光從這個綽號，就知道他起碼屬於嚴重影響市容那個類型的。乃至有傳聞說，這哥們兒就是因為尊容太嚇人，才混得不得意的。

溫庭筠擅長的另一套業務是荒唐胡鬧，使得自己憋氣了一輩子還死性不改，這應了民間那句「醜人多作怪」的老話。不過，沒有人會否認，這傢伙確實是個大大的才子。

領助學金，全用來尋花問柳

溫庭筠和歌樓伎館的關係之瓷實，幾乎是他的一大成就，除了宋朝的柳永，少有人達到他這樣的專業高度。喜歡拈花惹草大約在溫庭筠是與生俱來的天性，基本是基因決定的遺傳品質，因此簡直不好意思輕易斷言他是行為放蕩。

和所有大才子一樣，溫庭筠少年就名聲在外。他到江淮一帶遊歷，當地的一位官員姚勖很看重溫庭筠的才華，給了他不少錢，也是鼓勵後輩發奮科舉上進的意思。沒想到溫庭筠年紀輕輕就不學好，錢一到手，全都拿來花在陪小姐身上了。姚勖知道了氣得不輕，拿板子打了溫庭筠一頓後把他趕走了，給的錢就只好算餵狗了。

以後這傢伙一直進士考試落榜，溫庭筠的姐姐固執地認為，這全是因為姚勖當年打了他。考試落第和多年前屁股上挨一頓揍之間的必然聯繫，按照通常邏輯是不容易演繹出來的。溫庭筠的姐姐居然能夠把這兩件事情扯在一塊，固然是因為心疼弟弟，思路也著實夠天馬行空。有這樣的寶貝弟弟，才會有那樣的邪門姐姐，正所謂「不是一家人，不進一個門」。

姚勖後來去拜訪這位好姐姐的老公，好姐姐問傭人，來的是什麼人？傭人照實回答，溫庭筠的姐姐一聽火冒三丈，馬上衝到，仇人相見分外眼紅，一把拽住姚勖衣袖連哭帶鬧。姚勖沒想到那麼一筆拐彎抹角的陳年舊賬會飛到自己的腦袋上，丈二和尚摸不著頭腦，當時就傻眼了。

溫庭筠的姐姐這才說：「我弟弟年輕風流，叫兩回三陪也是人之常情，有必要就暴揍一頓嗎？現在鬧得他一直沒有混上個官職，全是你的錯！」越說哭得越傷心，旁人好一通勸才算放了姚勖的衣服。姚勖被這飛來橫禍嚇蒙了，回去回過味來後越想越氣悶，就此氣出一場病來，把老命給氣掉了。這家人實在不是一盞省油的燈。

一場考試，連幫八考生答卷

可能個人生活作風是不那麼嚴謹，不過溫庭筠的才氣真不是鬧著玩的。溫庭筠剛到首都長安的時候，社會各界人士對他都極其推崇。溫庭筠也不是浪得虛名，不但文思敏捷得嚇人，音樂方面也相當拿手，號稱只要是有弦的就能彈，只要是有孔的就能吹。參加進士考試的時候，溫庭筠從來不打草稿，兩隻手籠在袖子裡靠著桌子，一會兒就萬事大吉了。

這麼大能耐卻屢屢中不了進士，就是因為溫庭筠考試作弊上了癮，老是管不住自己。溫庭筠作弊不是為了自己，那點題目對他來說跟遊戲一樣，他自願無償幫助其他考生答卷，完全是大公無私型的。

每次進士考試，溫庭筠三兩下就把題目做完，然後把周圍考生的卷子全都給答了。而且通常幫的不是一個兩個，而是一群，由此「救數人」的外號不脛而走。這種行為得到了廣大考生的熱烈擁護和愛戴，但主考官肯定不歡迎這樣的奉獻精神，溫庭筠文章作得雖好，要拿有效成績就難了。

溫庭筠考試作弊的名頭實在太響，沈侍郎主考的時候，特意給他安排了一個單獨的座位，就像小學老師「優待」特別淘氣的學生一樣，讓他坐在沈侍郎眼皮底下答卷。這樣溫庭筠不能幫別人搗鬼，既維護了考場紀律，溫庭筠的進士也能到手，本來也是好意。

溫庭筠卻因為不能作弊，覺得非常不爽，到了晚上就很不高興地交卷走人了。事後主考官一問，溫庭筠洋洋得意地吹噓，雖然被嚴密監視，不能親自代替別人答卷，但還是口授了八個考生的文章。真是爛泥扶不上牆，近乎作弊狂了，主考官只能剝奪他的進士資格。

醉酒夜遊，被虞侯一頓暴打

溫庭筠在長安和裴誠、令狐滈等人臭味相投，一起吃喝嫖賭無所不為。但因為他確實本事不小，溫庭筠也得以出入令狐滈的父親宰相令狐綯的門庭，令狐綯也很把他當回事。

當時唐宣宗喜歡《菩薩蠻》的曲調，令狐綯為了拍馬屁，投其所好把溫庭筠最新原創的

《菩薩蠻》詞假充自己的作品送給唐宣宗，並且一再叮囑溫庭筠不要說出去。以溫庭筠的輕浮油滑勁兒，他哪管得住自己的嘴。令狐綯前腳剛囑咐完他，溫庭筠後腳就到處宣傳給皇帝的《菩薩蠻》是自己的最新專輯，恨不能召開一個新聞發布會，弄得令狐綯下不了台。

一次令狐綯問溫庭筠「玉條脫」的出處，溫庭筠告訴他出自《南華經》，然後又忍不住老氣橫秋地擠兌令狐綯，《南華經》也不是什麼生僻的書，丞相公務之餘，沒事也該多看看古書。私下裡溫庭筠還編派令狐綯是「中書省內坐將軍」，意思是令狐綯雖然在中書省做宰相，學問卻不過是武將的水準，嘲笑令狐綯沒文化，氣得令狐綯七竅生煙。

令狐綯待溫庭筠不薄，溫庭筠也不是不想弄個一官半職威風威風，要不就不會沒事老參加進士考試玩了。所以從哪方面講，溫庭筠這麼耍弄令狐綯都說不過去。後來溫庭筠自己混得不好，卻抱怨是因為令狐綯不夠哥們兒，不照應兄弟。要是溫庭筠這麼張狂，令狐綯還提拔他，堂堂宰相不是變成犯賤了嗎？

溫庭筠混得不得勁，就又去江蘇一帶閒逛，到了那裡還是那副臭德行，快六十歲的老頭子了，還和一幫不良少年一起喝酒狎妓。一天晚上，溫庭筠又喝多了，犯了宵禁的法令，不巧正遇到巡夜的虞侯。溫庭筠又是老子天下第一的那個勁頭，犯了錯誤還比誰都橫，結果被揍得滿地找牙。

恰好此時令狐綯被平調到江蘇負責軍政，溫庭筠就不長記性地跑到令狐綯那兒去哭訴。令狐綯還是夠講交情的，抓了那個虞侯準備收拾一頓給溫庭筠出氣。虞侯一肚子不服氣，把溫庭筠當晚的醜態全抖了出來。令狐綯一聽沒錯，這哥們兒就這熊樣，不能怪人家嚴格執法，只能把虞侯放了了事。古人有「刑不上大夫」的說法，溫庭筠好賴是個士人，大概自己也覺得這事有點丟人，還特意跑到長安各處找高官請求伸冤。溫庭筠本來名聲就不好，這下更臭了。

沒啥見識，錯把皇帝當小官

就憑這麼個脾氣，不論擱在哪朝哪代，溫庭筠想往上爬都是癡人說夢。何況他還用他一貫的溫氏派頭，直接把皇帝老子給得罪了。

據說皇帝曾一時興起微服私訪，在客棧遇到了溫庭筠。可憐溫庭筠一輩子官職低微，壓根沒機會見到皇帝爺爺，所以不認識。不認識就算了，還神氣活現居高臨下地擺老資格說，你是司馬、長史那類小官吧？皇帝說不是。還接著問，那是參軍、主簿那個檔次的吧？把九五之尊當做不入流的混飯吃的小幹部，實在太沒眼力了，還給了皇帝一個傲慢輕狂的印象，這相當於給自己的仕途判了一個死刑。

六十五歲的時候，溫庭筠弄了一個「國子助教」的官職，得到了他生平最後一次得罪人的機會，溫某人是從來不浪費這種大好時機的。

第二年，溫庭筠多年媳婦熬成婆，當了一回主考官。這次換了位置，溫庭筠就改了玩法，考試結束，他別出心裁地把認為出色的三十多篇文章張榜給貼了出來。偏偏這些文章不少都是諷刺官場仕途的，這下把宰相惹火了。這位就沒有令狐綯那麼好相處了，直接把溫庭筠貶到了河南。好在溫庭筠這次幹的還不算壞事，考生們為他大為不平，多少算是一個安慰。臨捲舖蓋從京城滾蛋的時候，考生們齊齊來送溫庭筠上路，爭相賦詩為他送行。這大約也是溫庭筠平生最得人緣的一次行動。

離開長安不到一個月，這位奇才就在鬱悶中死去了。溫庭筠輕佻放浪，但在他活躍的時期，他的詩詞曾給人強烈的衝擊。在他身後，他的淺吟低唱深遠地影響了歷代的才子名家。他所創作的那些動人的作品，足以使人忘記他的那些放蕩不羈，對他的荒唐狂悖不過莞爾一笑。

姜撫：盛唐時代的資深騙子

顧農

盛唐時代是中國古代詩歌發展的高峰期，湧現了許多大詩人；而同時也冒出過一個赫赫有名的大騙子姜撫先生，後來的《新唐書》為他立過傳。騙子能進入正史，按說一定水準極高；可是現在看去，此公的騙術實在低劣。

首席受騙者：皇帝

姜撫行騙的專利無非兩條：一是自稱已經好幾百歲；二是手上掌握著幾種「長生之藥」

的秘密，弄來吃下去，無論什麼人都能長生不老。這樣一套鬼話怎麼會大行其道呢？原來當時道術流行，很想萬壽無疆的皇帝帶頭相信，姜先生的辦法又非常簡明扼要，不難實行，於是許多人上當受騙。

首席受騙者當然是皇帝本人。史稱「姜撫，宋州（今河南商丘）人，自言通仙人不死術，隱居不出。開元末，太常卿韋縚祭名山，因訪逸民，還白撫已數百歲。召至東都，舍集賢院。因言：『服常春藤，使白髮還鬒，則長生可致。藤生太湖最良，終南往往有之，不及也。』帝遣使者至太湖，多取以賜中朝老臣。因詔天下，使自求之。宰相裴耀卿奉觴上千萬歲壽，帝悅，御花萼樓宴群臣，出藤百奩，遍賜之。擢撫銀青光祿大夫，號沖和先生」（《新唐書》卷二〇四《方技傳．姜撫傳》）。看來姜撫本無意出山騙皇帝，是專拍馬屁的大臣把他請出來唱大戲的，不料玩大了，在宰相、太常的大力鼓吹之後，玄宗皇帝又是舉行大型招待會，又是頒發告示公告天下；而姜撫則由一介山林隱逸忽然榮膺「銀青光祿大夫」這樣顯赫的散官頭銜，真所謂「天下誰人不識君」了。

騙術被藥物學家揭穿

沖和先生姜撫沒有神氣多久，就被高官中一位敢講真話的藥物學家揭露而穿了幫。他當機立斷逃出首都，以採藥為名四處雲遊，大本營則安在故鄉宋州。《新唐書》本傳繼續寫道：

（姜）撫又言：「終南山有旱藕，餌之延年。」狀類葛粉，帝作湯餅賜大臣。右驍衛將軍甘守誠能銘藥石，曰：「長春者，千歲藟也。旱藕，杜蒙也。方家久不用，撫易名以神之。民間以酒漬藤，飲者多暴死。」乃止。撫內慚悸，請求藥牢山，遂逃去。

沖和先生尚知慚愧，可見這時他還不是專業騙子，良心未泯；皇帝讓他平安出京，沒有收拾他，也算寬容大度，這也是為自己以及宰相、太常之流保留了面子，總不能顯得都弱智吧。

另據《冊府元龜》卷三三六載：「裴耀卿為左丞相，開元二十五年，逸人姜撫獻長春酒，玄宗分賜年衰朝官，兼與方法……時士庶競服長春酒，多有暴卒者，帝懼而止。」照這樣看，姜撫所獻之酒喝下去雖不能長壽，也不至於死人，而民間依照姜方自行製造的藥酒就很危險了。玄宗因懼而止，姜撫趕緊逃走，不失為明智之舉。

於是，前銀青光祿大夫沖和先生姜撫就得以平安而且相當風光地走出首都；各地的上下官民無從深悉這些內幕，卻學習過玄宗皇帝詔告天下的公告，所以對他尊敬有加；而這位一度充當過御用長壽保健師的活神仙不僅繼續神氣活現，且進而到處吹噓，放手騙人，成為宋州等地身分很特別的大人物。州縣牧宰就像追星族似地追捧這位半仙。有記載說：「玄宗皇帝高拱穆清，棲神物表，常有升仙之言。姜撫供奉，別承恩澤，於諸州采藥及修功德。州縣牧宰，趨望風塵，學道者乞立於門庭，不能得也」（《太平廣記》卷二八八《辯疑志》）。姜撫打著「於諸州採藥」的旗號大肆吹牛詐騙，名氣和影響也越來越大，沒有人敢公開說他的壞話，於是他又活躍了許多年。

姜撫之死：栽在歷史學家手裡

姜撫之死很有戲劇性，原因是他又一次被揭露。騙子能在一段時間內讓一部分人上當受騙，但決不能長期得逞，也不可能騙倒一切人。這一次姜撫是栽在一位歷史學家手裡：

有荊岩者，於太學四十年不第，退居嵩少（嵩山的少室山），自稱山人，頗通南北（朝）史，知近代人物。嘗謁撫，撫簡踞不為之動。荊岩因進而問曰：「先生年幾何？」撫曰：「公非信士，何暇問年幾？」岩曰：「先生既不能言甲子，先生何朝人也？」撫曰：「梁朝人也。」岩曰：「梁朝絕近，先生亦非長年之人。不審先生，梁朝出仕，為複隱居？」撫曰：「吾為西梁州節度。」岩叱之曰：「何得誑妄！上欺天子，下惑世人！梁朝在江南，何處得西梁州？只有四平、四安、四鎮、四征將軍，何處得節度使？」撫慚恨，數日而卒。（《太平廣記》卷二八八《辯疑志》）

姜撫只顧亂吹牛皮，而缺乏年代、地理、職官諸方面的必要知識，結果大出洋相。多年來吹慣了牛皮，一旦當場被捅破，心理上失衡得厲害，慚恨而死。

與史學家荊岩同樣不相信姜撫之牛皮的還有詩人高適，他在這位活神仙回到宋州時同他見過一面，據周勳初先生《高適年譜》記載，其事在天寶七載（748年），當時高適寫過一首婉而多諷的《遇沖和先生》：

沖和生何代？或謂遊東溟。三命謁金殿，一言拜銀青。
自云多方術，往往通神靈。萬乘親問道，六宮無敢聽。
昔去限雲霄，今來睹儀形。頭戴鷃鳥冠，手搖白鶴翎。
終日飲醇酒，不醉複不醒。常憶雞鳴山，每誦《西升經》。
拊背念離別，依然出戶庭。莫見今如此，曾為一客星。

詩的前八句寫這位大仙的光榮史，中間八句寫親眼所見的他回到故鄉以後的儀形和作風；最後四句說自己同這位大人物作別的時候，沖和先生態度很親切，撫背以示情誼，還親自送出門外。詩人說，你不要看他如此平易近人，他可是同皇帝直接來往過的啊。

詩中沒有直接揭露這位老先生的騙術，但揶揄的語氣很明顯：他的種種特異神奇全是「自云」如此；其人早年隱居不出的時候也許還真的在岩穴中修道養生，及至暴得大名以後，雖然表面上道貌岸然，實際上已是一個世俗氣息很濃厚的酒鬼了。

詩中還說，此老熟於世故，在人前並不亂擺架子——而這恰恰是一位資深老騙子的手段之一啊。

明代公主只能嫁與平民，且屢次被無賴騙婚

裴鈺

明代皇室有規定，大凡公主的婚配，多選擇民間英俊善良的男子，不許文武大臣的子弟娶公主為妻，這是為什麼呢？

民間有句俗語叫「掛羊頭賣狗肉」，意思是表裡不一，有名無實，是一種欺騙行為。明曲中有一首薛論道的《雙調．水仙子．賣狗懸羊》，十分有趣：「從來濁婦慣撇清，又愛吃魚又道腥，說來心口全不應。貌衣冠，行市井，且只圖屋潤身榮。張布被誠何意？飯脫粟豈本情？盡都是釣譽沽名。」在紛紛擾擾的世情百態中，騙子神通廣大，最奇特的莫過於明代皇室騙婚現象了，竟然騙到了皇帝的頭上。

明代公主只嫁老百姓

明代皇室有規定，大凡公主的婚配，多選擇民間英俊善良的男子，不許文武大臣的子弟娶公主為妻，這是為什麼呢？原來，明朝的皇帝非常忌諱外戚干政，擔心大臣武將用子女聯姻的手段，來干預朝政，甚至發生搶班奪權的危機。為了徹底斬斷外戚干政的危險，明皇室便下了死命令，不許皇家和大臣武將聯姻。所以，有明一代，皇家公主的婆婆家往往都是寒

門之輩，在政治上沒有多大的地位，也就不會通過聯姻的方式來施加影響力。從洪武大帝到崇禎皇帝，雖然宦官干政的危險沒有消除，在特定的年代還非常劇烈，可是，外戚干政倒是有效地避免了。

明朝一代的駙馬爺絕大多數都是民間男子，在國家政治中地位不高。如今我們常常說一個女孩嫁給了條件不如自己的男子，叫「下嫁」，不過，整個中國歷史上，最有資格稱得上是「下嫁」的，就是明代皇室的公主們。出於帝王之家，老公卻幾乎全是平民百姓。明代皇室的公主是分等級的，皇帝的姑姑叫「大長公主」，皇帝的姐妹叫「長公主」，皇帝的女兒叫「公主」，皇家親王的女兒叫「郡主」，親王的外孫女叫「縣主」。這些大長公主、長公主、公主、郡主、縣主，都是皇家的金枝玉葉，掌上明珠，對她們的婚嫁，皇家自然都極其重視，無不是千挑百選，風光大嫁！

於是，民間男子爭當駙馬爺，成為明代一道獨特的風景。由於官府和民間脫離，皇家又高高在上，如何瞭解駙馬爺，如何挑選駙馬爺，成了一個大難題。那個時候，沒有科學的鑒定方法，只能靠口碑相傳和別人的推薦。駙馬爺的好壞高低、優良中差，也就完全憑一張嘴而已。離皇帝最近的莫過於宦官，於是，為公主牽線搭橋的人，大多都是宦官。遇到道德品質良好的宦官，他自然會盡心盡力地為公主挑選一個稱心如意的駙馬；倘若遇到一個唯利是圖的小人，自然會從中以權謀私，這就給民間騙婚之輩留下了一個出口。於是，有眾多民間男子，掛羊頭，賣狗肉，通過賄賂宦官近臣，向皇室騙婚，詐娶公主，謀求富貴。這種事在明代簡直是層出不窮，堪稱一個歷史奇聞。

皇帝老丈人的煩心事

明弘治八年（1495年），民間有個財大氣粗的富人叫袁相，他向內宮太監李廣大肆賄賂，目的就是請李廣幫自己娶到一位公主，讓自己可以攀龍附鳳。明朝皇室有規定，公主選駙馬，大多由太監、女官來負責。所以，李廣便利用各種機會，極力向弘治皇帝推薦袁相，對其大肆吹捧，說盡了漂亮話。弘治皇帝信任李廣，便同意招袁相為女婿。袁相如願以償，成為準駙馬，他家裡上上下下也是歡騰不已、興高采烈。弘治皇帝還親自召見了袁相，感覺還可以，便和袁相的父母約定了大婚的日期。

不料此時，突然有人告發了李廣和袁相的騙婚陰謀。弘治皇帝立刻派人調查，經查明，李廣接受了袁相許多的賄賂，而坊間對袁相的評價並不是很高，遠遠不是李廣說得那麼高、大、全，這下子，弘治皇帝恍然大悟，龍顏大怒。可是，袁相和德清公主早已經定好了婚期，從風俗習慣上講已經是鐵板釘釘，不容更改。可是，弘治皇帝怎麼能容忍把女兒嫁給一個騙子呢?於是，他逆勢而為，推翻了婚期，下一道聖旨廢了袁相的駙馬名號，另選了新的駙馬給自己的女兒。袁相騙婚功虧一簣，讓弘治皇帝驚出一身冷汗。弘治皇帝虛驚一場，好在德清公主完好無損，沒吃騙子的虧。在這一點上，他比後來的嘉靖皇帝要幸運得多。

嘉靖六年（1527年），皇室為永淳公主招選駙馬。通過太監、女官的極力推薦，皇室選定了一個叫陳釗的男子，並和陳家定下了婚期，永淳公主即將「下嫁」。誰知，天公不作美，世間有「小人」，有人向皇家告發說，陳釗家族世代患有惡疾，而且生母是再婚，且做了別人的小妾。把堂堂的大明公主嫁給一個小妾的兒子，即公主未來的婆婆是個「二奶」，實在是有辱皇室的尊嚴！

嘉靖皇帝接到舉報的奏摺，一下子頭都大了。經過調查，陳釗的親生母親果真是個小妾。於是嘉靖皇帝二話不說，馬上悔親。可是，公主的婚期已經召告全國了，推遲婚期，總得有個理由。如果告以真相，說皇帝家被人騙了，駙馬原來是個「二奶」之子，這不得讓天下百姓笑掉大牙嗎？為了挽回皇室的面子，嘉靖皇帝趕緊命人在全國海選，另招駙馬。經過千挑萬選，終於挑中了一個叫謝昭的男子。這次，嘉靖皇帝可不敢再輕信人言，非要親眼審查駙馬人選，於是，他接見了謝昭。誰知親眼一見，嘉靖皇帝狂怒不已，原來這個謝昭天生禿頂！顯然，這個謝昭是個醜八怪！但不知他使了多少手段，才得以蒙混過關。

長得醜不是什麼大的過錯，而且婚期不等人，嘉靖皇帝只好自吞苦果，准許女兒永淳公主下嫁給謝昭。大婚那天，全國震動，如花似玉的永淳公主竟然許配給了一個禿頂的醜八怪。更有好事之徒，竟然編造了一首民謠《十好笑》，列舉了當時十件好笑的事情，其中第十件，就是皇室招謝昭做駙馬，「十好笑，駙馬換個現世報」。

在公主婚嫁問題上，嘉靖皇帝這個老丈人當得很鬧心。不過，謝昭醜歸醜，據說人品還不錯，這多多少少也能給嘉靖皇帝一點安慰。說到萬曆皇帝，他可比嘉靖皇帝煩惱得多了。

萬曆十年（1582年），萬曆皇帝的親妹妹永甯公主要選駙馬。風聲一出，舉國震動，民間眾多男子蠢蠢欲動。北京城有個姓梁的富豪，認定這是個攀龍附鳳的機會，便使盡手段，賄賂大太監馮保，讓梁家子弟梁邦瑞參與駙馬的海選。有錢能使鬼推磨，經過重重審查，梁邦瑞在大太監馮保的運作之下果然中選。可實際上，這個梁邦瑞早已重疾在身，病入膏肓了。

大婚的時候，這個梁邦瑞就出了一個大婁子，在婚禮現場大流鼻血，連婚袍都被染紅了。可是收受了梁家大肆賄賂的太監們，眼見事情要敗露，急中生智，便撒謊說道，大婚見紅乃是新婚喜事。於是，眾人一通連騙帶哄，硬是把大明帝國的永甯公主推進了梁家大門。

梁邦瑞已經病入膏肓，自然無法行人倫之事，永甯公主到了此時才知悔之晚矣。新婚剛滿一個月，梁駙馬便一病嗚呼了。永甯公主寡居了數年之後也抑鬱而死。一位帝國的公主，皇帝的親妹妹，竟然讓掛羊頭賣狗肉的男子坑成這般慘景！不知實情的萬曆皇帝，面對親妹妹的不幸生活，他也無可奈何，唯有黯然長嘆。

以上三位駙馬，哪個不被說成是相貌俊美、心地善良、身體健康、人品難得的英才？其實是名不副實，「掛羊頭賣狗肉」，最後蒙混過關，向帝王之家騙婚，沒得手的人遭到了報應；也有的騙子得手了，但最終損人利己，連皇家也無可奈何，這真是古今的一個奇聞！

漢武帝最昂貴的一次豔遇：十萬人的生命作為禮物

秀客

在中國封建社會的遊戲規則裡，權力是皇帝手中的私有財產，他想清燉還是紅燒，完全憑他一人的意志和好惡來決定。所以為了討好一個女人，把十萬人的生命作為禮物也就不足為奇了。

皇帝普遍好色，究其原因是他們可以利用職務之便隨意得到自己想要的美女，而且想要多少要多少，用個現代詞來說這叫以權謀私，不用白不用。作為西漢王朝在位時間最長的君主，漢武帝的風流倜儻絕對配得上「神童」二字，他青春期還未到之時，就已說出「金屋藏嬌」的高級情場辭彙，其「情商」水準之高可見一斑。情商高也就罷了，偏偏漢武帝還是個「博愛」的人，經常愛屋及烏，寵愛上了衛子夫，跟著就寵愛重用她的親人衛青、霍去病。後來迷戀李夫人，就給她的三個兄弟加官晉爵。這個性格導致漢武帝的豔遇越多，對國家的危害就越大，因為歷史上的外戚受寵會成為國家的毒瘤，引發很多意想不到的後果，正如李夫人帶給漢武帝的豔遇，就給大漢帝國帶來了不小的災難。

廣告《佳人曲》，令直接受眾漢武帝產生購買欲望

李夫人是個不簡單的女子，首先她的相貌就很不簡單，傾國傾城這個成語最先就是用來形容她的。她生得雲鬢花顏，婀娜多姿，尤其精通音律，擅長歌舞，卻不幸淪落風塵，成為青樓女子。其次她的兄弟也不簡單，大概是家族基因的緣故，她的哥哥李延年也是一位音樂奇才，「性知音，善歌舞」，好像專門是為藝術而生的。李延年年輕時因犯法而被處腐刑，然後被遣送到宮裡管犬。碰巧的是除了權力和女人，音樂、歌舞是漢武帝劉徹的第三項最愛。創作音樂的人碰上了喜歡音樂的人，李延年的官運也就來了。很快他就被封為樂府協律督尉，在宮內廷音律侍奉。後來的事情證明李延年不僅是個音樂天才，還是個廣告天才，而被他用廣告包裝的產品就是他的漂亮妹妹李氏。一天，他利用給漢武帝唱歌的機會，唱出了他自己創作的一代名曲《佳人曲》：北方有佳人，絕世而獨立；一顧傾人城，再顧傾人國；寧不知傾城與傾國，佳人難再得。

事實證明，《佳人曲》是一則極其成功的廣告。廣告的直接受眾——漢武帝聽得如癡如醉，繼而產生了購買欲望——「果真有如此美貌的佳人嗎？」他的姐姐平陽公主悄悄說：「延年的妹妹貌美超人！」武帝連忙召李氏進宮，只見李氏體態輕盈，貌若天仙，肌膚潔白如玉，而且同其兄長一樣也善歌舞。大概此時，《佳人曲》的唯美詞句又回蕩在漢武帝的耳邊，眼前的美人無疑和廣告詞所說一模一樣，真所謂「貨真價實」。就這樣李氏開始了她的宮廷生活，並立刻受到了寵愛。一筆交易就這樣完成了。

傾國傾城的李夫人，令漢武帝念念不忘

然而自古紅顏多薄命，上天給了李夫人一個好容貌，卻沒給她一副好身板。她本來體質就弱，加上產後失調，不久萎頓病榻，日漸憔悴。但武帝依然惦記著她，對其她嬪妃毫無興趣，包括衛皇后。李夫人智慧上的不簡單之處此時完全顯露，病態怏怏中的她自始至終要留給漢武帝一個美好的印象，因此漢武帝每次來探病，她都不讓武帝看，將自己全身蒙在被子裡說道：「臣妾想將兒子昌邑王與妾的兄長託付於陛下。」武帝勸說道：「夫人如此重病，不能起來，若讓朕看你，你當面將他們託付給朕，豈不快哉！」李夫人卻在錦被中說道：「身為婦人，容貌不修，裝飾不整，不足以見君父，如今蓬頭垢面，實在不敢與陛下見面。望陛下理解。」漢武帝相勸：「夫人若能見我，朕將賜給夫人黃金千金，並且夫人的兄弟加官晉爵。」李夫人卻始終不肯露出臉來，說：「能否給兄弟加官，權力在陛下，並不在乎是否一見。」並翻身背對武帝，哭了起來。武帝無可奈何，十分不悅地離開。漢武帝離開後，李夫人的姐妹們都埋怨她，不該這麼做。李夫人卻說：「凡是以容貌取悅於人，色衰則愛弛；倘以憔悴的容貌與皇上見面，以前那些美好的印象，都會一掃而光，還能期望他念念不忘地照顧我的兒子和兄弟嗎？」她死後，漢武帝傷心欲絕，以皇后之禮營葬，並親自督飭畫工繪製他印象中的李夫人形象，懸掛在甘泉宮裡，旦夕徘徊瞻顧，低徊嗟嘆。

漢武帝償付情債，以高官厚祿照顧李夫人之兄

真正的麻煩開始了。由於漢武帝對李夫人念念不忘，加上他本人愛屋及烏的臭毛病，所以便根據李夫人的臨終囑託，用高官厚祿照顧她的兄弟們，使他們富貴，這樣也就等於償付了所欠下的李夫人的情債。於是漢武帝金口一開，任命李氏的大哥李延年為協律都尉，二哥李廣利為將軍。即便這樣，漢武帝還嫌不夠，他想讓李家的子孫們世世代代享受富貴。但根據漢朝的祖制，皇親無功不得封侯。漢武帝命李廣利為將軍，就是好讓他有機會帶兵出征，如果立下戰功，就可以封侯，然後世襲罔替，李家子孫就可世世代代富貴下去。可惜，李廣利不是衛青、霍去病，漢武帝賦予這樣的人以軍事重任實在不是明智之舉。當然，此時的漢武帝和乾隆二十五年時的愛新覺羅・弘曆一樣，經過三十餘年的統治，內政上加強中央集權，增強經濟實力，軍事上又在對匈奴的戰爭及通西域中取得一系列重大勝利，驕逸之心自然而然也就噴湧了出來。自滿情緒高漲的漢武帝對一些重大的國策問題缺乏深思熟慮也就成了很正常的事。

李廣利第一次遠征大宛慘敗告終

漢武帝給李廣利的第一次機會是出征西域的大宛。大宛在現在吉爾吉斯、塔吉克斯坦等國境內，大宛君臣自認為距離大漢帝國很遠，中間又隔著一個廣大的沙漠，行旅尚且困難，

大軍更無法通過，所以在西域諸國向漢朝稱臣的時候，大宛國卻不派使者朝漢。如果換作別國，漢武帝也許也就不聞不問了，可偏偏大宛出產天下最名貴的血汗寶馬。古代帝王一般都有聲色犬馬之好，漢武帝也喜歡馬。因此不計前嫌，派出壯士車令帶著千金及用純金鑄的一匹馬去大宛，換取寶馬。車令拜見大宛國王毋寡，說明漢朝願用千金及純金所鑄金馬換取大宛貳師城的名馬的來意。奈何毋寡自恃距漢遙遠，漢朝不能對他用兵，奈何不了他，所以極不禮貌，傲慢地說：「你那千金與金馬有什麼了不起，敝國多的是。貳師城的馬是我大宛的寶馬，豈能換與貴國，休得妄想。」車令以大漢天朝使者自居，遭此無禮對待，也出言不遜，怒目斥責。大宛國認為漢朝使者輕慢無禮，強迫離境，並暗中唆使鄰近的郁成王在途中將車令及其隨從殺掉，奪去所攜帶的金銀及其他財物。

消息傳至長安，漢武帝大怒，便下令李廣利率兵遠征大宛，以便立功封侯。此次遠征，主要在奪取大宛貳師城的寶馬，故號李廣利為貳師將軍，表示志在必得。西元前一〇四年，李廣利率領騎兵六千，步卒數萬，遠征大宛。遠征軍進入西域後，途經小國，都緊閉城門，拒絕供應漢軍給養。漢軍缺乏糧草，便在指揮水準平庸的李廣利帶領下沿途攻打城池。攻下了，就能取得糧草，供士卒馬匹食用；攻不下，繼續前進。一路之上，數萬士兵戰死的戰死，餓死的餓死，到達大宛時，士卒僅剩下數千人，而且一個個面黃肌瘦，比逃荒的強不到哪兒去。這種情況下本不適合開戰，但李廣利不管這些，下令軍隊立即攻打郁成城。結果對方防守嚴密，漢軍傷亡甚眾。經過首度挫敗後，李廣利冷靜下來，他考慮到郁成城尚且攻不下來，又怎麼能攻破大宛的王都呢？而且士卒越來越少，既無兵員的補充，又無糧草的接濟，便決定撤軍。部隊回到敦煌，往來時間共兩年，所剩下的士卒才及出發時數萬的十分之一二。李廣利駐軍敦煌，向漢武帝上書說：「道路遙遠，缺乏糧草。所剩下的士卒不多，難以攻下大宛的王都。請求暫且修整，等待補充兵力後再去攻打。」漢武帝接到李廣利所上之書，極為憤怒，派出使者把守在玉門關，傳令道：「軍隊有敢入關的，斬首。」李廣利聞令恐懼，不敢入玉門關，只得駐紮在敦煌。第一次遠征大宛，就這樣因指揮不力以慘敗告終。

為兌現承諾，傾國力再次命李廣利遠征大宛

對於爭強好勝的漢武帝來說，這口惡氣是一定要出的。過了一段時間，冷靜下來的漢武帝想起對李夫人的承諾，於是太初三年，他再次任命李廣利遠征大宛。鑒於上次征大宛的慘敗，這次作了周密的部署。隨李廣利遠征的大軍有六萬人，還有牛十萬頭，馬三萬匹，驢和駱駝以萬數。糧草充實，戈矛弓弩齊備。另外徵調十八萬士卒，布防在酒泉和張掖以北，一方面防匈奴的入侵切斷大軍的補給錢，一方面作為遠征的後援部隊，便於接應。又徵調了許多民夫，為大軍運送糧草。一時間整個河西走廊懸旌千里，雲輜萬乘。遠征軍到達大宛的士卒有三萬人，李廣利繞過郁成城，直抵大宛都城。先斷決城內水源，再圍困攻打。大宛畢竟是個小國，哪受得了這種重壓，一些貴族暗中商議，說國王毋寡將寶馬收藏，又殺害漢朝的使者，因此得罪漢朝，招致漢軍的攻打。假如殺掉國王，獻出寶馬，漢軍一定解圍而去。不

然城被攻破，他們也要跟著遭殃。於是便聯合起來，殺掉毋寡。正好此時外城被漢軍攻破，俘虜了大宛最驍勇的戰將煎靡。城中的貴族更為驚恐，趕快將毋寡的頭割下，用木盒裝著，獻給李廣利，說願將所有的寶馬都牽來，任由你們挑選，並且供給你們軍隊酒食，只要求你們不再攻打我們的內城。李廣利考慮到內城堅固，糧食蓄存又很豐富，利於長期堅守，而漢軍又勞師遠征，戰鬥四十餘日，已經疲乏，同時大宛鄰國康居，正對漢軍虎視眈眈，有乘機襲擊之勢。既然首惡毋寡已經伏誅，又願獻出寶馬，出師的目的已經達到，不如就此收軍。於是李廣利答應了大宛方面提出的要求。大宛的貴族們十分高興，便將所有的寶馬牽出來，讓漢軍自行選擇，又送給漢軍許多牛羊及葡萄酒，慰勞漢軍。漢軍挑選了最好的寶馬數十匹，中等以下的雌雄三千餘匹，並立大宛貴族中過去與漢朝最親善友好的昧蔡為大宛國王。兩國訂盟，相約結為友好國家。

第二次遠征，李廣利總算是贏了，回到長安，漢武帝特別高興，大宴群臣，封李廣利為海西侯，總算兌現了對李夫人的承諾。關於這次遠征，漢代學者劉向如此評價：「貳師將軍捐五萬之師，靡億萬之費，經四年之勞，而僅獲駿馬三十匹，雖斬宛王毋鼓（寡）之首，猶不足以複費……」認為損失太大，得不償失。漢武帝為攻大宛，幾乎傾全國之力，即便衛青、霍去病遠征匈奴也沒有這麼大的規模，而李廣利最終沒能攻破宛都內城，說明李廣利缺乏智謀，指揮才能平庸。更讓人不能容忍的是李廣利人品極差，虐待士卒，貪占軍用資財，許多士卒不是英勇戰死，而是死於自己長官的惡政之下。從敦煌出軍時，李廣利大軍一共六萬人（不包括私自隨軍出征的）、戰馬三萬匹，返回玉門關時，僅剩萬餘人，戰馬僅千匹。如果換成衛青或是霍去病，最後的結果一定不是這樣。

漢武帝為這次豔遇付出了慘重代價

如果你以為漢武帝為這次豔遇所付出的代價就此打住，那就大錯特錯了，李廣利先生的破壞力還遠不止這些。征和三年，匈奴大軍入侵，掠殺邊民，領兵的都尉（一郡的軍事長官）戰死。漢武帝大概嫌李廣利上次的功勞不夠大，便命他出擊匈奴。李廣利離開京城時，丞相劉屈氂為李廣利餞行。李廣利的女兒是劉屈氂的兒媳，兩人是親家。李廣利的災難也就是此時開始的。

匈奴君長單于得知漢朝派出大軍進襲，便將所有輜重撤至郅居水（今蒙古國色楞格河）沿岸囤積，將人民遷至余吾水（今蒙古國土拉河）以北安置。單于本人則率精兵在姑且水（今烏蘭巴托西南）列陣以待。李廣利率大軍進入匈奴境內。匈奴派五千騎兵進行阻擊。李廣利派兩千騎兵接戰。大敗匈奴兵，殺死數百人。

李廣利揮軍乘勝追擊。匈奴兵不敢抵敵，四散逃奔。漢軍直追到范夫人城。正在這時，京城長安發生了一件事。漢武帝年老，身體有病，又很迷信，便認為是有人受了巫師的指使，埋下了象徵他的木人，詛咒他早死，以致魔鬼附身，在索他的命，這被稱為巫蠱。武帝為此專門派人查訪，若有發現，必遭斬首。太子劉據就是江充借巫蠱之事陷害而自殺的。太子劉據被陷害自殺後，宮廷中的宮人及大臣們相互之間如有嫌隙怨仇，就彼此以巫蠱進行密告，陷害對方。武帝自然不可能件件去清查個明白，只是交給官員去嚴辦。連對自己的兒子都不明辨是非，何況是他人。內者令郭穰密告丞相劉屈氂的妻子因為劉屈氂曾多次遭皇上責備，便對皇上不滿，因而請巫祈禱神靈，詛咒皇上早死。同時密告劉屈氂與李廣利共同向神祝禱，希望昌邑哀王劉髆將來作皇帝。武帝便下令主管司法的廷尉查辦，認為劉屈氂大逆不道，處以腰斬，並用車裝著屍體在街上遊行示眾。將劉屈氂的妻兒在長安華陽街斬首。這個時候的漢武帝不是愛屋及烏，而是恨屋及烏了，把劉屈氂的親家李廣利的妻兒們也一塊兒抓了起來。

前方作戰的李廣利聽到家人被抓的消息，如五雷轟頂。有一個部下勸他投降匈奴。李廣利心想若投降匈奴，將加速妻兒老小的死亡，情況會更慘，不如立功贖罪，也許有一線希望。便不根據實際情況，不瞭解雙方軍事形勢，不計戰略戰術，以數萬漢家兒郎的生命為賭注，盲目進軍，以求僥倖。遂揮師北進，深入匈奴，直至郅居水。此時匈奴軍隊已離去，李廣利又派監察護軍率領兩千騎兵，渡過郅居水，繼續向北挺進。與匈奴左賢王的軍隊相遇，兩軍接戰。漢軍大勝，殺死匈奴左大將。長史認為李廣利別懷異心，想犧牲全軍以求立功，必然招致失敗，便暗中策劃將李廣利扣押起來，以阻止其盲目冒險。李廣利覺察了長史的策劃，將他斬首。恐怕軍心不穩，發生騷亂，便率軍由郅居水向南撤至燕然山（今蒙古國杭愛山）。單于知漢軍往返行軍近千里，已很疲勞，便親自率領五萬騎兵襲擊漢軍，漢軍死亡甚眾。李廣利原想冒進，立功贖罪，卻遭此大敗，心情自然更沉重，又憂慮著家中老少的生命安全，而且本來指揮才能就平庸，因此完全失去了兩軍對壘中最必要的警覺。匈奴趁漢軍不備，於夜間在漢軍營前悄悄挖掘了一條壕溝，有幾尺深，而後於清晨從後面對漢軍發起突然的襲擊。漢軍遭匈奴軍襲擊，想出營列陣抵敵，卻發現軍營前有一條深溝，進退不得，軍心大亂。又因為疲勞，完全失去了抵抗力，遭到慘敗，無心再戰的李廣利投降匈奴。云云七萬漢家兒郎就這樣全部葬送在李廣利的手中，加上前兩次遠征大宛，李廣利一人前後共葬送了十餘萬士兵的性命，即使是驃悍的匈奴人，與西漢對峙的上百年時間裡也沒有哪一個人有這麼大的破壞力。

李廣利給大漢帝國造成的損害看上去是他本人的無能造成的，但真正的罪魁禍首是封建社會的遊戲規則。在這個遊戲規則裡，權力是皇帝手中的私有財產，他想清燉還是紅燒，完全憑他個人的意志決定。所以為了討好一個女人，把十餘萬人的生命作為禮物也就不足為奇了。

孫武為何膽敢斬殺吳王寵妃？

扶欄客

訓練美少女戰士

這個典故得從那部非常著名的《孫子兵法》開始說起。

當時孫武（約前535年～？）已經完成了《孫子兵法》十三篇的創作，並通過某種機會將這部兵家巨著呈獻給了吳王闔閭。

吳王闔閭看了《孫子兵法》十三篇，感想就是兩個字：驚豔。更讓他驚豔的是這位震爍古今的偉大軍事理論家居然就生活在自己統治的吳國。就像齊景公面試田穰苴一樣，闔閭看完《孫子兵法》以後馬上安排面試。凡是老闆都不喜歡紙上談兵，何況吳王闔閭是一位滿肚子都是陰謀的老闆，得到《孫子兵法》及其作者，就像武術愛好者得到藏在山洞裡的秘笈，想到的第一件事就是證實一下孫武及其兵法的威力。於是闔閭提出讓孫武試著帶一支部隊訓練一下，讓自己見識一下偉大軍事理論的實踐效果。

闔閭說：「子之十三篇，吾盡觀之矣，可以小試勒兵乎？」

孫武答應得很痛快：「可。」

吳王闔閭是一位具有豐富想像力的領導。他見孫武答應小試牛刀訓練軍隊，眼前馬上浮現出了後宮佳麗排著方隊，邁著整齊的步伐，從自己豪華的寢宮前走過接受檢閱的情景，於是他提出了一個非常有創意的設想：「可試以婦人乎？」

孫武的回答仍然非常肯定：「可。」

闔閭馬上下令：「集合後宮佳麗！」

孫武看見從吳國王宮裡走出來一百八十位吳王闔閭選拔出來的吳國小姐。美女們集合在王宮大殿前的廣場上，放眼望去好像擺上桌的宮廷筵席，豐盛、奢侈，強烈地刺激著人們的視覺和味覺，讓人不知道從何處下箸。

一萬個人看哈姆雷特就有一萬個哈姆雷特，而兵聖孫武卻把人數眾多的美女全看成了士兵。孫武命令將一百八十位美女分成兩隊，分別由兩位最受闔閭寵愛的美女擔任隊長，並給她們每個人發了一根長戟作為指揮隊伍的標誌。

吳王闔閭看見自己美麗的寵妃手持長戟，英姿颯爽，情不自禁地得意起來。

孫武的軍事訓練從最基礎的佇列訓練開始，類似於現在的軍訓。

孫武知道女人的方向感一般都很差，為了讓美女們分辨前後左右，他先強調了最基本的常識：「汝知而心與左右手背乎？」

美女們說：「知。」

孫武說：「前，則視心；左，視左手；右，視右手；後，即視背。」

美女們異口同聲：「諾！」

孫武下令搬來了砍頭的斧鉞，三令五申宣布了紀律。

不見血就不知天高地厚

如果美女們看過司馬穰苴的故事，她們一定會感到後脖子發涼，可惜她們沒看過，所以沒有絲毫害怕甚至擔憂。作為吳王的後宮佳麗，美女們唯一的職責就是通過各種辦法引起吳王闔閭的興趣，唯一的願望就是把自己的ＤＮＡ摻進王族的血統，並成為下一任吳王的母親。

陽光照在吳王宮殿的廣場上，美女們看著眼前這位貌似威嚴的將軍和他身旁的斧鉞覺得非常可笑。平日養尊處優的她們根本沒有把這些砍頭的利器與自己美麗的腦袋和脖子聯繫起來。而坐在高臺上的吳王闔閭也沒有感到絲毫的擔憂，在他看來，後宮美女是他的私有財產，別人根本沒有處置的權力。闔閭甚至覺得兵聖孫武的到來給自己沉悶的後宮生活帶來了一些新鮮和刺激，讓自己很興奮。

孫武下令擊鼓，並指示兩隊美女向右轉，結果美女們笑得前仰後合。雖然一個鬍子拉碴的大男人指揮一群青春美少女，看起來有些不倫不類，但是這事似乎也不值得美女們集體笑場，這不能不歸因於後宮實在過於沉悶的生活氣氛以及美女們過於發達的笑神經。美女們很久沒有見到吳王闔閭以外的男人了，而這個男人在王宮出現，在美女們看來實在可笑。況且身為吳國王宮裡的女人，除了吳王之外，她們是不會把任何男人放在眼裡的。一群花骨朵一樣嬌生慣養的美女，平時除了吃睡就是玩樂，沒有一點憂患意識，怎麼能認識到此事的嚴肅性呢？

美女們當然知道向左轉、向右轉是什麼意思，但是她們實在不明白這樣轉來轉去除了娛樂吳王闔閭之外還有什麼意義，要說吳國需要訓練她們上戰場打仗，恐怕連孫武自己都不信。所以美女們非常自作聰明地認為這次軍事訓練目的就是為了滿足坐在高臺上的吳王闔閭的某種趣味。美女們不是心理學家，她們無法準確地運用佛洛依德的理論分析闔閭出於何種心理讓宮女們參加軍訓，但是當美女們集體笑倒的時候，卻分明看到高臺上的吳王闔閭不僅沒有絲毫不快，反而露出了她們熟悉的笑容，這更加堅定了美女們繼續調戲孫武的念頭。在她們看來孫武根本不是什麼將軍，而是一位娛樂明星，甚至乾脆就是個小丑，目的就是配合美女們一起娛樂吳王闔閭。

而此刻的孫武更像一位偉大的相聲大師，看著台下的觀眾笑得前仰後合，他絲毫沒有受到影響，而是一本正經地自我檢討：「約束不明，申令不熟，將之罪也。」

然後再次一本正經地三令五申，強調紀律。

戰鼓再次響起，孫武命令向右轉，美女們再次笑場，變本加厲。

孫武繼續一本正經地檢討總結：「約束不明，申令不熟，將之罪也。既已明而不如法者，吏士之罪也。」

檢討總結並不可怕，甚至沒有新意。有新意的是孫武總結發言結束後，立即下令處死兩名擔任隊長的吳王寵妃。

兩位美女燦爛的笑容凝固了，一百八十名美女頓時花容失色、芳心大亂，這對吳王闔閭來說實在是大煞風景。

吳王闔閭不幹了。

名將這種資源雖然難得，但那是用在未來戰場上的；美女這種資源雖然豐富，但那是用在後宮的。所有的帝王都活在當下，尤其是闔閭這種帝王，他實在不能接受為了將來不確定的勝利而犧牲自己的美女。

於是，闔閭急忙派人跑下高臺求情：「寡人已知將軍能用兵矣，寡人非此二姬，食不甘味，願勿斬也。」美女又不是辣椒醬或者鹹菜，闔閭非要拿她們下飯。為了維護自己的形象，闔閭派來傳話的人只是說「食不甘味」，企圖啟發小孫展開簡單的聯想，自己領悟領導的心思，放過兩位美女。可是一心要成為名將的小孫偏偏不買賬，而且還振振有詞地引用了老鄉司馬穰苴將軍的理論：「臣既已受命為將，將在軍，君命有所不受。」

威信是這樣樹立的

司馬穰苴上次說「將在軍，君命有所不受」的時候，齊景公寵臣莊賈的腦袋掉了。這次孫武也說了「將在軍，君命有所不受」，於是長在吳王寵妃脖子上的兩顆美麗的腦袋也被砍了下來。可見「將在軍，君命有所不受」這話是不能隨便說說的。喝酒有喝酒時的祝酒詞，砍腦袋也有砍腦袋的詞，「將在軍，君命有所不受」這句話就是用在砍腦袋時說的。

吳王闔閭的兩位寵妃娛樂至死，連名字都沒有留下來。

孫武提拔了另外兩位地位僅次於兩位斷頭寵妃的美女接任隊長，繼續訓練。這次美女們終於意識到了事態的嚴重性，終於知道了刀就在她們頭頂上架著，已經感覺到脖子後面的冷風了。她們不僅很快學會了向左轉、向右轉，而且一不怕苦、二不怕累，迅速進入了摸爬滾打的訓練科目，沒有任何怨言和異議。滾一身土總比掉腦袋好，美女們明白了這個最簡單的道理，對於孫武來說就足夠了。就這樣孫武訓練出了中國歷史上第一支由女人組成的武裝隊伍，吳國的美少女戰士閃亮登場。

孫武很滿意，下令讓美少女戰士們稍息，然後派人向坐在高臺上正在心痛和懊惱的吳王闔閭報告，請他檢閱部隊，「兵既整齊，王可試下觀之，唯王所欲用之，雖赴水火猶可也。」闔閭從一開始就沒打算讓自己的美女們「赴水火」，事實上，闔閭並沒有完全瞭解讓孫武訓練美女們意味著什麼。

此時的吳王闔閭仍然沉浸在同時失去兩個宮女的悲痛當中。不過闔閭畢竟還算個有作為的明君，既然有約在先，只好繼續保持風度，「將軍甘休就捨，寡人不願下觀。」孫武一點面子也沒給闔閭留，話說得非常直白，甚至刻薄：「王徒好其言，不能用其實。」

根據司馬穰苴將軍的歷史經驗，我們發現一個沒有通過實戰積累戰功的人要想一步到位當將軍，就需要「昂貴的代價」來證明自己的價值。司馬穰苴就是從砍掉莊賈的腦袋開始建立起自己的威信和地位的；而孫武殺了吳王的兩個寵妃讓吳王闔閭「食不甘味」，所以孫武的威信和地位也迅速飆升。《史記．孫武列傳》記載，孫武殺了兩名寵妃後，「於是闔閭知孫子能用兵，卒以為將，西破強楚，入郢，北威齊晉，顯名諸侯，孫子與有力焉」。

清宮荒唐事：司機跪著給慈禧開汽車

李高山

慈禧太后雖然在政治上閉關鎖國，愚昧無知，但在裝扮自己，追趕時尚的「洋玩意兒」方面卻毫不含糊。當年八國聯軍進攻京城時逃到陝西的「老佛爺」，一九〇一年返京後聲稱要去西陵向祖宗「請罪」，竟下令在四個月內突擊修築一條三十多公里的鐵路，即高碑店至易縣的「新易鐵路」。翌年清明，慈禧便風風光光乘上這趟由十七節車廂編組的「龍鳳專列」去祭陵。這列「龍鳳專列」是絕頂豪華，起居室、臥室、餐廳、接待室樣樣齊全。臥室裡有特製的鑲金鐵床，床上有華貴的絲綿被褥和枕頭，用金絲幔帳圍著。床邊有暗門，打開門乃是用於大小便的如意桶。桶底鋪有黃沙、灌有水銀，糞便落入不見痕跡。桶外用宮錦絨緞罩著，看上去像個富麗的繡花坐墩。

老佛爺還不滿足於專列，忽然又對洋人的汽車大感興趣，覺得坐汽車要比坐轎子和馬車時髦和舒服多了，於是也總想弄輛汽車。精於權術的直隸總督袁世凱心知肚明，為了討好太后，用一萬兩白銀從國外購進了一輛頗為時髦的小轎車，作為送給慈禧六十大壽的貢禮。

這是一輛設計美觀、高雅溫馨，黑色木質車廂、黃色木質車輪與輻條、銅質車燈、實心輪胎、兩軸四輪的敞篷汽車。其車廂內有兩排座位，前排座位是只能乘坐一人的司機座，後排是可以乘坐兩人的乘客席。車廂的上方還撐有一頂由四根立柱支起的車篷，車篷的四周綴有黃色的絲穗。發動機被安置在乘客席座位的下部，發動機旁的齒輪變速箱把動力傳遞給後軸，最高時速為每小時十九公里。

於是，袁世凱就迫不及待地把它運到宮裡獻給慈禧。由於此車設計新穎、工藝精湛，慈禧還從沒有見過這種先進而且漂亮的洋玩意兒，心中大喜，就收下了。當時全國還沒有會開汽車的人，可是慈禧想坐汽車過把癮，就下令招納司機。先後有十一人參加了應試，其中有一位名叫孫富齡。他當時專門為皇家貴族趕馬拉車，由於為人機靈，很得太后的賞識，於是被選中去學開車，並很快就學會了。自此，一有時間，慈禧便在皇宮中坐著汽車兜風。

一日，慈禧坐車玩了兩個多小時，心情特別好，當即賞賜一大碗酒讓孫富齡喝，孫富齡受寵若驚，一碗下肚，精神特爽，一腳下去踩響了馬達，洋車呼的跑了起來。不料前面冒出一個小太監。這時孫富齡已酒性發作，心慌意亂，情急之中怎麼也找不到剎車的位置，可憐小太監被車撞後一命歸西。這也許就是中國歷史上第一起酒駕肇事案。

有一次，慈禧乘坐汽車從頤和園回紫禁城，這時大太監李蓮英突然發現，原來的馬車夫孫富齡成了現在的汽車司機，他不僅坐著，而且還坐在老佛爺的前面，這怎麼了得？有失老佛爺的尊嚴呀！於是他就告訴慈禧：開車的是個奴才，整天坐在太后前面有失體統。於是，他便命令司機要跪著開車。但是，司機跪著開車沒辦法踩剎車，很容易出危險，但是這個情況又不能告訴慈禧，所以也只好默不做聲了。

一天，慈禧坐汽車時發現車開得很慢，便追問孫富齡怎麼回事。孫富齡不敢說是李蓮英吩咐自己跪著開車，沒辦法踩剎車，為了安全才開得這麼慢，只好編了個謊話說車子有點壞了，不能開快。還有一次司機因不能用手代替腳來踩油門和剎車，在路上險些釀成車禍。這可嚇壞了王公大臣們，他們紛紛請求慈禧不要坐汽車了。在群臣的苦勸下，慈禧無奈地被人攙扶下車，中途又換了十六抬大轎。後來，慈禧漸漸對坐汽車失去了興致，這輛汽車就閒置在頤和園內。而跪著開車的司機孫富齡害怕自己日後有麻煩，便攜家帶口逃出了北京。

聖旨原來也有假

眭達明、劉輝

假聖旨在形式和字跡上使人真偽莫辨，而真聖旨的內容能保證都是真實的嗎？

在古代，皇帝的聖旨不僅有許多是官樣文章，是官場例行的公文，而且還有不少是假的。這種假聖旨，既有形式上的，也有內容上的；既有別人偽造和冒充的，也有皇帝本人授意或有意為之的，表現形式可謂多種多樣，五花八門。

模仿筆跡，亂寫批示

梁師成，字守道，開封人，起初只不過是一個不為人知的內侍省書藝局的小宦官，後來專門負責出外傳宣皇帝詔旨，才逐漸被宋徽宗所寵信，當上了武階官最高的太尉，宣和四年（1122年）又獲開府儀同三司的「使相」。梁師成這個宦官因為稍知詩書，略懂文法，加之為人機靈乖巧，取得了皇帝的信任和好感，讓他代行文書，參與朝政。發展到後來，不但「御書號令皆出其手」，取代了翰林學士和中書舍人的作用，而且他還挑選了很多擅長書法的小吏模仿宋徽宗的筆跡，偽造宋徽宗的「御書」，也就是「御筆手詔」。然後摻進別的公文一道下達。因為這些「御書」同皇帝筆跡一模一樣，受文單位自然不清楚它們是假的，於是同皇帝的聖旨一樣貫徹執行。梁師成禍亂朝政到了如此地步，真是觸目驚心。假如宋朝不盛行所謂的「御筆手詔」，皇帝不帶頭用白條子封官和處理政務，梁師成也就不可能如此胡來。

模仿皇帝筆跡簽發文件和寫批示，其始作俑者當然不是梁師成，而是早有其人。如《南史》的《恩幸傳》就記述了二十多位「恩幸」（皇帝寵愛的人），這些「恩幸」官位不高，卻「勢傾天下」。如在南齊得到三朝皇帝寵信的紀僧真，早在齊武帝之父齊高帝蕭道成為南朝劉宋政權的中領軍時，就在府內任主簿（秘書）。蕭道成對他十分信任，讓他模仿自己的筆跡在文書通告上簽名，久而久之，紀僧真的字體和蕭道成的一模一樣。從此凡是需要蕭道成簽發和批復的文書統一由紀僧真代理。由於紀僧真模仿的字跡可以假亂真，所以蕭道成看了也笑著說：「連我也分辨不出來了。」

假中有假，以假治假

假聖旨在形式和字跡上使人真偽莫辨，而真聖旨的內容能保證都是真實的嗎？未必。其實有許多真聖旨的內容也是真真假假，甚至假中有假。

安史之亂後，唐朝的藩鎮割據從河北、山東發展到全國各地，造成藩鎮林立相望的局面。唐憲宗李純即位後，唐朝的藩鎮割據局面雖然基本結束，暫時實現了全國的統一，但藩鎮擁有財富和重兵的情況並沒有多少改變，有很多藩鎮的節度使只是表面上尊奉朝廷，暗地裡還是我行我素，根本不把朝廷放在眼裡。幽州的朱克融就是如此。

唐敬宗寶曆二年（826年），朝廷派遣宦官出使幽州，賜予節度使朱克融春衣。朱克融非但不領情，反而指責朝廷所賜春衣質地粗劣，並把送春衣的宦官給扣留起來。朝廷無奈，只好另派宦官帶著新的衣物去幽州進行慰問。而朱克融視朝廷的退讓為軟弱可欺，竟得寸進尺，打報告給朝廷說本鎮將士今年春衣不足，請朝廷補給三十萬端匹，以備一歲所費，不然則三軍不安。在報告中，朱克融還提出：他打算率領兵馬和工匠五千人幫助朝廷修建東都洛陽的宮闕。

唐敬宗生怕朱克融發兵叛亂，為了息事寧人，打算再派一位有威望的大臣前往幽州安撫，同時把被扣押的宦官救回來。宰相裴度不同意，說只要下一道詔書就完全能夠解決問題。他說：「朱克融對朝廷極為無禮，必將自取滅亡，這就像猛獸一樣，可以在森林中咆哮跳踉，卻必然不敢離開自己的窩巢。所以我建議陛下不要派人去幽州安撫，也不要索還宦官，等十天以後，再考慮給朱克融下一道詔書，說，『朕聽說宦官到幽州後，行蹤去留稍有差失，等他回京後朕自當有所處理。』至於朱克融提出要帶兵幫助朝廷修建洛陽的宮闕，其實完全是一句假話，目的是恫嚇朝廷。如果陛下想直接挫敗他的奸謀，就應該在詔書中假意答應他的奏請，說，『助修洛陽宮闕的兵馬和工匠應當迅速派來，朕已命令沿途各地安排接待。』朱克融接到這道詔書後，肯定會驚慌失措，大亂方寸。」唐敬宗聽後十分高興，欣然採納了裴度的意見。朝廷最後按裴度的意思起草的這道詔書假中有假，以假治假，既義正詞嚴又曉之以理。朱克融因摸不清朝廷的底細，果然不輕舉妄動。過不多久，幽州發生兵變，將士殺死朱克融和他的兒子。多行不義必自斃，一切皆如裴度所料。

捏造事實，欲蓋彌彰

古代皇帝發布聖旨，真真假假，應付過關，雖然可笑，卻能讓人同情；而他們為了某種不可告人的目的，完全捏造事實，欺騙人民，這就非常可氣甚至可惡了。這種現象在古代還非常普遍。開皇二十年（600年）隋文帝發布的一道聖旨，就是這方面的代表作之一。

史萬歲（549年～600年）是隋朝大將。隋朝第一名臣、宰相高熲曾稱讚他「雄略過人，每行兵用師之處，未嘗不身先士卒。尤善撫禦，將士樂為致力，雖古名將未能過也」。然而，就是這樣一位對隋朝的邊防鞏固有過重大貢獻的名將，卻在開皇二十年出擊突厥建立了殊功後被冤殺。全國老百姓都為他的死感到冤枉和痛惜。

更令人髮指的是，隋文帝冤殺史萬歲後，為了開脫責任，為錯殺功臣尋找根據和理由，以證明自己一貫正確永遠正確，竟然錯上加錯地起草了一份詔令，向天下公布史萬歲的所謂罪狀。

這份冠冕堂皇的詔令，總共寫了史萬歲兩條罪狀：一是開皇十七年（597年）平定南寧州時「多受金銀，違敕令住」；二是此次出擊突厥後「懷詐邀功」。然而全天下的人都清楚，南寧州的問題早已解決。這一點，連本詔令也是承認的，否則怎麼會「捨過念功，恕其性命，年月未久，即複本官」？既然如此，還提此陳年舊賬幹什麼？而此次出擊突厥後的「懷詐邀功」根本就不是這麼回事，真實情況是「有功未酬」！因此，這兩條所謂的罪狀沒有一條站得住腳。如果不發布這份詔令，那麼隋文帝還只是犯有錯殺大臣之過。而此詔令一公布，全天下的人反而認清了他原來還是一個偽君子，更感到史萬歲的死是一個大冤案，更為史萬歲的死感到悲痛和惋惜！因此，起草並頒布此詔令，是此地無銀三百兩，欲蓋彌彰，錯上加錯。

古代妓院為何總喜歡開在考場對面？

樂雲

古代青樓的存在，是與文化藝術分不開的。文化藝術是它的風光主體，是它的魅力核心，是它最重要的消費內容。假設青樓是一卷裝幀精美、圖文並茂的古書，那麼文化藝術就是書裡的文字和圖畫。這樣的一卷古書，它的最重要的讀者、最理想的讀者應該是什麼人呢？答曰：士。

將妓院開在考場的對面，不愧為生意人一項精明的決策。古代的妓院，招待的多是讀書人，常見的稱呼是「士子」。他們口袋裡揣著銀子與詩稿，是青樓大院最好的通行證。而對青樓的妓女來說，她們多數是文學愛好者，因而面對滿腹詩文、錦繡文章的才子，便不時秋波暗送，做做佳人會才子的美夢。所謂「鴇兒愛鈔，姐兒愛俏」，這都是青樓千古不變的真理。

青樓鶯聲為誰啼

舊時的考場叫貢院，尤以人才輩出的江南貢院為最。江南貢院的歷史非常悠久，屢經變遷。據史書記載，東晉丞相王導建議「治國以培育人才為重」，故立太學於秦淮北岸，是為江南貢院的前身。南宋乾道四年（1168年），江南貢院正式建立，起初供縣、府學考試之用。西元一三六八年，明太祖朱元璋定都南京，集鄉試與會試於此。西元一四二一年，明成祖朱棣遷都北京，這裡仍留作鄉試考場。後經不斷擴建，至清同治年間已形成一座占地三十餘萬平方公尺、僅考生號舍就達兩萬零六百四十四間，成為明清兩代蘇皖兩省的科舉考場。

明清時代的江南貢院，相當於三個北京的故宮大，是中國最大的科舉考場。科舉時代共產生過八百多名狀元，而半數以上，都出自這個考場。眾多歷史名人如唐伯虎、鄭板橋、李鴻章等更是由江南貢院走上歷史舞臺。在考生眼裡，貢院是他們通往富貴功名的必經之路，是揚名立萬的大好機會，因而每當開科取士之年，自然引得四方士子紛至沓來。既然考生雲集，他們的吃住玩樂都要有人照應，這便給商人發財提供了機會。許多青樓、酒樓、茶館應運而生，而貢院邊上的秦淮河，也因為這些設施而變得嫵媚動人，形成「槳聲燈影連十里，歌女花船戲濁波」的一派繁華景象。

中國的士子與青樓有不解之緣，從古至今，關於才子與佳人的風流韻事便經久不息。從唐代開始，參加科舉幾乎是士子求取功名的唯一選擇，一旦高中進士，便意味著錦繡前程，因而需要慶祝。而向鍾情的妓女寫情詩，炫耀才華，是當時人們津津樂道的一件雅事。對於大部分「士子」來說，面對科考失意，無奈之下，「忍把浮名，換了淺斟低唱」，此時，醇酒佳人，又成為減輕他們落榜痛苦的安慰劑，所謂「黃金白璧買歌笑，一醉累月輕王侯」是也！

但到了明代，在朱元璋的鐵腕政策下，「士子」與青樓的關係變得非常緊張。洪武初年，朱元璋建都金陵，在秦淮河畔設置妓院，稱大院。朱元璋親自為大院題寫對聯，作嫖娼的動員報告。他的上聯是：此地有佳山佳水，佳風佳月，更兼有佳人佳事，添千秋佳話；下聯是：世間多癡男癡女，癡心癡夢，況複多癡情癡意，是幾輩癡人。皇帝勸嫖倒也新鮮，只不過皇帝勸嫖的物件是「商賈之士」這樣的富豪，美其名曰為國家增加稅收。

皇帝的好意，商人並不領情，反倒是引得一幫官員文人趨之若鶩，以致每天下朝之後，文武百官第一件事就是到青樓報到，形成一片百官爭嫖的「壯觀」景象。如此一來，官員每天的公務變成了談嫖論經，哪還有心思放在政事上。一向勤政的朱元璋自然非常不滿，為此下達了嚴厲的法令：「凡官吏宿娼者，杖六十，媒合人減一等，若官員子孫宿娼者罪亦如之。」這樣的法令不可謂不嚴，但依然擋不住百官向青樓前赴後繼的勇氣。朱皇帝無奈之下，國家稅收也不要了，下令撤銷國營妓院，希望就此將官員「士子」嫖妓的惡習壓制下去。然而結果卻令朱皇帝大失所望，國營妓院停辦，私營妓院卻如雨後春筍冒了出來，秦淮風月一時呈欣欣向榮之勢。

秦淮風月的興盛

秦淮風月之所以興盛，當然與「士子」們的大力捧場有關，而「士子」們捧場的原因大致有三：

首先，青樓為士子緊張的考試生活提供了一個舒緩的空間。為防止作弊，中國古代科舉考試制定了嚴格的選拔機制，有些部分甚至有人身侮辱的味道。據余秋雨先生的《十萬進士》裡介紹，到了清朝，科舉制度已經發展到了頂峰，為防止作弊，考生們皆身披羊皮做的袍子，滿眼望去白花花一片。科場檢查十分嚴格，有著嚴格的搜身。進考場前，兩列兵丁夾道搜查，頭髮都要打散查，衣服夾層都要摸過；盛食物和筆墨文具的是考場統一發放的竹籃。食物要切成一寸以下，使其無法夾帶入場。如果一旦發現夾帶，夾帶人將遭受毒打，捆綁在考場前石柱上示眾一月之久，並終身不得再參加考試；進入考場之後，考場即封號柵，須等三天考完之後方才打開。三天之中，考生不能動彈，一切吃喝拉撒，都在兩平方公尺左右的號房內解決。一旦天熱之際，號房內屎尿泗流，臭氣熏天。在這樣的環境下答題做卷，沒有驚人的毅力，是很難完成的。因而考場三天，對士子們來說不啻於蹲三天地獄，因而放榜之日，他們如釋重負，如獲重生，到青樓瀟灑便成為他們的不二選擇。

其次，尋找愛情與知音是他們涉足青樓的另外一個原因。既然是讀書人，對精神的需求便比一般的百姓高些，因而他們到青樓中來，主要是抱著尋求愛情與知音的目的，肉體之歡倒在其次。需要說明的是，古代的「士子」出門在外，少則半年，多則數年，須忍受青燈墨卷與孤獨寂寞，故而特別希望遭逢「紅袖添香夜讀書」的豔遇；而現實又不是蒲松齡筆下的《聊齋志異》，有狐女與仙女以身相許。他們的理想只有在青樓實現。此外，由於遠離家庭，又沒有家族的「監督」，不用擔心給列祖列宗蒙羞，所以出門在外的「士子」不用承擔太多的道德負擔，這與當今社會出差在外的人容易泡「三溫暖」是同樣的道理。

最後，青樓還為「士子」間的交朋結友切磋詩文提供了絕佳的「宴遊之所」。「士子」應試之餘，詩文酬酢，交朋結友，也是人生的一件大事。高中者可以多結交幾個患難之交、詩文知己；落榜者也可以憑藉高中者的關係撈個差事做做，二者皆有所得，又何樂而不為呢！雖然「士子」間貧富有別，有錢的公子可以攜家財萬貫，找高級的小姐作陪，住豪華套房；無錢的只有逛逛眼科，住招待所與地下室，但絲毫不會隔斷他們成為朋友的願望，這與《海上花列傳》中達官貴人與店夥西崽一起吃花酒是同樣的道理。因為對「士子」來說，學問文章往往是衡量他們高低的主要標誌。一個腰纏萬貫的公子，如果胸無點墨，也會成為青樓小姐嘲弄的對象；而一個學富五車的窮書生，一樣可以憑他高雅的談吐贏得佳人的芳心。因而在秦淮青樓裡，窮富並沒有絕對的分界線，富家公子因為想學幾句唬弄情人的詩句，反倒會有意與吟詞詠詩的書生結交，或許是為了沾幾分文氣吧！

青樓確實是個迷魂蕩志的地方，更何況是青樓中的極品——秦淮青樓呢？對讀書人來說，眼前佳人們花團錦簇，顧盼生情，一個個潘郎曹郎地叫著，讓他們充分享受到顧客即上帝的待遇，自然有「今日之樂，不減王公」之嘆。

青樓選美

青樓選美是文人雅士們泡制的一壺醇酒，餘香盈口，回味無窮。青樓選美有個很優雅的名字：「花榜」或「花案」。花榜，便是品評妓女的等級優劣；花案，即指評定妓女優劣的名單。這可能與古人喜歡以花喻女人有關。既然是花，必然是美豔的，因而不論綠肥紅瘦，她們都必須才貌雙全，是牡丹與月季的比拚，而非野花與稗草的較量。

中國的青樓選美有較悠久的歷史，據說早在宋代就有民間組織的妓女選美比賽，叫「評花榜」，是花界的選美活動，是歌妓們的聲色大比拚，通常由當地的文人名士和富商擔任評委。文人名士，看重的是他們評花鑒色的眼力；而富商，則更多是因為他們是贊助商的緣故。明代中葉以後，品豔風氣盛行，以金陵、蘇杭為其中翹楚。明嘉靖年間，金壇人、嘉靖進士曹大章創立「蓮台仙會」與當時社會名流吳伯高、梁伯龍等品藻名妓，一時稱為盛況。當時甚至有人評選出了「金陵十二釵」，只不過她們不是《紅樓夢》中的林黛玉薛寶釵之流，而是分別姓劉、董、羅、葛、段、趙、何、蔣、王、楊、馬、褚的十二個金陵青樓名妓。

此後，萬曆時期冰筆梅史以燕都妓樂四十人配葉子以代觥籌，曹大章複作《秦淮仕女表》，判別諸妓才情色藝，分別劃分等級，有女狀元、榜眼、探花、解元及女學士、太史之稱。清軍入關以後，因整頓世風的需要，花榜一度沉寂。順治年間，蘇州有個叫沈休文的浪蕩文人，終日浪跡於青樓楚館，對青樓女子多有閱歷，於是選定虎丘梅花樓為花場，品定高下，選舉朱雲為狀元，錢瑞為榜眼，余華為探花，另外列優勝者二十八人，一時盛況空前。可惜清初的社會風氣沒有明末那麼開放，最終，沈休文被當地的地方長官李森先以有礙風化的罪名「斃於杖下」。

如此一來，青樓選美便成為文人雅士們不務正業、有礙風化的標誌，花榜便漸漸從人們的生活中消失。不過，隨著享樂思想的流行與人們思想觀念的開放，晚清至民國期間，青樓選美又死灰復燃，並有愈演愈烈之勢。同治光緒年間，前兔癡道人摘紅雪詞題《二十四女花品圖》於海上，畫眉樓主複偕同人為《續花品》以李佩蘭為群芳之冠。《續花品》之後，又有公子放所定《上海書仙花榜》，列名妓二十八人，而以一花比一妓，如王逸卿被喻為芍藥，獨擅風華，可謂百花齊放，姹紫嫣紅。

青樓選美是文人的一種閒情逸致，一種雅好，亦不過是好事文人的嘲風弄月之舉。但對於參加評選的青樓女子來說，卻是她們改變命運的大好時機。因為一旦走紅，便如女明星一般，不但身價上漲，財源滾滾，而且找到了踏入上流社會的捷徑，甚至有嫁入豪門做闊太太的機會。如此一來，參評的妓女便絞盡腦汁，千方百計想博得個榜上有名，如果能成為花魁，那是再好不過。而最好的契機，便是請自己的相好出面幫襯一把。如此，光明正大的青樓選美便暗藏許多秘辛，黑幕重重。

青樓選美的評委很重要，參評妓女的命運便操縱在他們手裡。而評委們又是主辦方花錢邀請的，故而選舉的最終結果由主辦者來圈定。不過，主辦方有時也要照顧到贊助商的利益，因為只有他們肯出錢了，選美活動才會有可靠的資金保障。故而每一次選美活動，其實是主辦方與贊助商的較量，最終的結果反映了他們較量的勝敗。

余懷《板橋雜記》曾記載過一次頗負盛名的選美比賽。這次比賽的時間和地點都選得恰到好處。時間選在傳說中天上牛郎與織女七月初七相會之日，正好是中國的情人節；而地點則更妙，挑的是金陵最有名的青樓「八百居水閣」；再加上當地的戲臺班子也來友情演出，自然引得四方的百姓扶老攜幼前去觀看，以致當天晚上，通往「八百居水閣」的路上車馬喧囂，甚至連秦淮河上的船隻都擠得個水洩不通。經過預賽層層選拔，決賽時選出二十位佳麗。最終，名妓王月拔得頭籌，成為本次選美比賽的花榜狀元。然而明眼人一下就發現其中的秘辛：狀元王月是主辦者孫武公的相好。看來，比賽的名次只怕早在賽前就擬好了，其他的佳麗，只不過做了王月的陪襯。

最初的青樓選美主觀性很強，大多由某個文人擬定一個選美名單，是為「花案」。這樣便會影響評定的公正性，因為任何一個評判者，即便他再大公無私，終究是一家之言，不具有普遍性。所以後來的青樓選美普遍公開進行。但公開並不代表公正，因為一旦由評委決定結果，便不免有評委被收買的可能。王月之所以當選，便是評委被主辦方收買的活生生例子。後來人們發明了新的選美辦法，由大眾投票來選定，如此便可反映大眾的心聲。不過問題又來了，選票需要錢來買，非普通人所能承受，故公正性要打個折扣。如此，參加投票的多是巨賈士紳，故而最後的結果只能是他們審美標準的反映。

青樓選美當初源於文人墨客們的雅好，為博美人一笑。其後，青樓選美逐漸成為一種時尚，為普通大眾所認同，並津津樂道。這當然與娼妓業在近代的興盛有關。當金錢侵蝕到社會的每一個角落時，舊的道德觀念土崩瓦解，而新的道德觀念又沒有建立，價值觀與道德觀的多元真空讓許多人無所適從，空虛無聊。青樓選美的出現，正滿足了他們的心理與情感需要。再加上當時的小報小刊等媒介的推波助瀾，狎妓幾乎成為人們生活中的一種文化形態，與喝酒打牌無異。建立在此基礎上的青樓選美因此成為人們社會生活中的一大樂趣，以致每逢青樓選美之時，數千粉黛躍躍欲試，各家報刊大登妓女玉照，妓院門前車水馬龍，風流騷客捧場遊說，盛況空前。

古代新婚夫妻在房事前有什麼禮儀？

佚名

入洞房的來歷

「入洞房」相傳是軒轅黃帝規定下來的。黃帝戰敗蚩尤，建立了部落聯盟，但當時群婚制度存在著極不利於團結的因素，經常發生搶婚事件，不光男搶女，也有女搶男。新聯盟的部落之間，經常為搶婚發生打架鬥毆。時間一長，矛盾必然激化，部落之間又有重新分裂的可能。黃帝為這件事經常愁眉不展，多次找身邊的大臣常先、大鴻、風後、力牧、倉頡等人商議如何制止群婚。有一天，黃帝隨同一群大臣巡察群民居住的洞穴是否安全。突然發現一家人住著三個洞穴，為了防止野獸侵害，周圍用石頭壘起高高的圍牆，只留下一個人能出進的門口。這立即引起黃帝的興趣，當天晚上他就召來身邊所有的大臣，說：「制止群婚的唯一辦法，就是今後凡配成一男一女夫妻，結婚時先聚集部落的群民前來祝賀，舉行儀式，上拜天地，下拜爹娘，夫妻相拜，吃酒慶賀，載歌載舞，宣告兩人已經正式結婚。然後，再將夫妻二人送進事前準備好的洞穴（房）裡，周圍壘起高牆，出入只留一個門，吃飯喝水由男女雙方家裡親人送，長則三月，短則四十天，讓他們在洞裡建立夫妻感情，學會怎麼過日子。今後，凡是部落人結婚入了洞房的男女，就叫正式婚配，再不允許亂搶他人男女。為了區別已婚與未婚，凡結了婚的女人，必須把蓬亂頭髮挽個結。人們一看，知道這女人已結婚，其他男子再不能另有打算，否則就犯了部落法規。」這立刻得到了眾臣的支持。倉頡寫成法規，公布於眾，也很快得到了各個部落民眾的支持擁護，人們都爭著為自己兒女挖洞穴、壘高牆，群婚這一惡習就這樣逐漸消失了。

房事前的禮儀

古人時時處處都有講究禮儀的規範，因此就連夫妻行房事也要講禮數。《論語．泰伯第八》子曰：「恭而無禮則勞，慎而無禮則葸，勇而無禮則亂，直而無禮則絞。」在至聖先師孔子的眼裡，「禮」可以匡正民風、教化百姓，是立國安邦的大事情。《左傳》亦云：「禮之可以為國久矣，與天地養。君令臣恭，父慈子孝，兄愛弟敬，夫和妻柔，姑慈婦聽，禮也。」因此清以湉《冷廬雜識．真賞難逢》云：「世俗以夫婦之事為敦倫。」清袁枚《子不語．敦倫》記載：「李剛主講正心誠意之學，有日記一部，將所行事，必據實書之。每與其妻交媾，必楷書『某月某日，與老妻敦倫一次』。」其中所講的敦倫就是房事。

古代夫妻子敦倫時，男子必須徵求女子的同意。明馮夢龍《古今譚概．迂腐部．敬妻》記載：「唐薛昌緒與妻會，必有禮容，先命女僕通語再三，然後秉燭造室，高談雅論，茶果而退。或欲就宿，必請曰，『昌緒以繼嗣事重，輒欲卜一嘉會。』候報可，方入，禮亦如之。」

清遊戲主人《笑林廣記．腐流部．行房》載：「一秀才新娶，夜分就寢，問於新婦曰：『吾欲雲雨，不知娘子尊意允否？』新人曰：『官人從心所欲。』士曰：『既蒙俯允，請娘子展股開肱，學生無禮又無禮矣。』」即使是自己的妻子，也絕不霸王硬上弓。夫妻禮儀有加，可使雙方更容易賞心悅目，身心愉快。

據史料記載，有人敦倫前還要預先向妻子道歉，請求原諒：「昔有某教官五十續弦……教官頂戴袍褂入房，移雙燭於床前，將新娘扶坐床上，舉手扞其褲，分其兩腿，高舉之，詳視其私，點頭讚嘆，於是退三步，恭對長揖者三，祝曰，不孝有三，無後為大，某老矣，今日不負犨突夫人，而施及下體。」

那個教官和薛昌緒想和妻子行房，都不約而同地以「繼嗣」大業為藉口，其實並不奇怪，《禮記》對婚姻的解釋就是「將合二姓之好，上以事宗廟，下以繼後世」。有些人總是把他們的故事當笑話來講，說他們是假道學，虛偽。其實，在大男子主義盛行的封建時代，能這樣對待妻子，也著實不易。

砸爛睾丸，剖挖心臟——徐錫麟的悲歌

謝軼群

拉開半個多世紀不遠不近的時間帷幕，歷史在我們眼前仍然顯出它的沉重與悲愴：

一位清矍儒雅、秀氣的鼻樑上架著一副眼鏡的留日歸國青年，

一個歷史上最獨特的買官跑官者，

一位民清交替時代裡無數叛逆中最突出的一人，

一個以「徐錫麟刺恩銘」的歷史故事代代流傳的人，

這位激情燃燒的人，用他三十四歲的血肉之軀把自己深深地刻進了歷史！

捐錢買官

一九〇六年，是清王朝覆滅前的倒數第五年，中國的封建帝制至此已綿延兩千一百二十七年，國家和社會如爛透的西瓜，膿液四溢，惡臭難聞，東方大地正期待一場狂風暴雨，蕩滌所有的腐朽和醜惡，讓這個拖著辮子、行著磕頭禮的古老民族重獲新生，跟上世界的

步伐。

這一年，安徽省巡撫、慶親王奕劻的女婿恩銘收到一封推薦信。信是他的老上級、曾任山西巡撫的俞廉三老先生寫來，舉薦自己的表侄，一個叫徐錫麟的浙江山陰青年。恩銘一直對俞廉三執門生禮，讀過老師的信，就毫不遲疑地給這個通過「納捐」而獲得道員身分的徐錫麟在武備學堂安排了個「會辦」的管理職位。

所謂納捐，說白了就是花錢買個官做。賣官鬻爵的事，向來不新鮮，可由官方予以合法化、制度化，明碼標價出賣的，可能只有這個大清了。

清朝從康熙征討準噶爾費用不足時就開始賣官，以開闢政府財源，以後一直延續下來。價格公道否？來看光緒二十六年的價碼：京官裡郎中二〇七三兩，主事一七二八兩；地方官裡道員四七二三兩，知府三八三〇兩，同知一四七四兩，知縣九九九兩，縣丞二一〇兩。那時一兩銀子，約等於今天一百七八十塊人民幣，換算下來，可不便宜。

花大錢買官的人，當然不是為人民服務來的，上任後第一件事肯定就是撈回成本，然後大賺特賺。靠薪水當然是不可能的，那手段必然就是搜刮貪賄。

清朝廷就不怕這些買來職權的官員壞了江山社稷嗎？不怕。清末重臣李鴻章有句名言：「天下最容易的事是當官。」既然這活兒說到底誰都幹得了，那就把崗位賣出去吧，誰交錢誰幹，無不能勝任之憂，有財源廣進之喜。至於他們肯定會搜刮貪賄，那倒楣的是老百姓不是我，搜刮貪賄就搜刮貪賄吧，只要你不反清，那大家還是自己人嘛。

從最高層慈禧太后，到安徽巡撫恩銘，以及這個為表侄寫推薦信的山西老省長俞廉三，都不會想到，有人會納捐進仕，打入官場，然後發動驚天一擊！

誰也想不到，這個清矍儒雅、秀氣的鼻樑上架著一副近視眼鏡的留日歸國青年，在赴安徽省會安慶上任前對著他的同志秋瑾等人說過這樣一番話：「法國革命八十年戰成，其間不知流過多少熱血，我國在初創的革命階段，亦當不惜流血以灌溉革命的果實。我這次到安徽去，就是預備流血的，諸位切不可引以為慘而存退縮的念頭才好。」

恩銘哪裡能知道，這個徐錫麟的名字今後將和他恩銘的名字緊密連在一起，以「徐錫麟刺恩銘」的歷史故事代代流傳。

策劃起義

到達安慶後，徐錫麟在武備學堂會辦的崗位上賣力經營校務，以圖恩銘信任、提拔，取得更加有利的位置，另一邊他則暗中緊鑼密鼓地籌備起計畫中的大事。因他是恩銘老師俞廉三推薦而來，恩銘對他自是毫不懷疑，還很欣賞他的辦學成績，準備培養重用。而徐錫麟不久就感到這個武備學堂一點也不機要，一個月幾十個銀元的薪水也不大夠讓他從事地下活動，就寫信要求表叔俞廉三再次出面請托恩銘。當時徐錫麟買個道員，花了大錢，不過這個錢並不是徐錫麟從家裡拿的，而是會黨中人、富商許仲卿捐贈的，一捐就是五萬銀元，讓徐錫麟、陶成章等四人分別買到了知府、同知等職位。如今不受重用，為徐錫麟納捐而活動過的表叔俞廉三覺得過意不去，就再次寫信給恩銘，請他提侄子一把。恩銘恭順而客氣地回信：「門生正欲用之，無勞老師懸念……適成立巡警學堂，以伯蓀（徐錫麟字）之才，料可勝任。」一九〇七年初，徐錫麟果然就被恩銘提升為巡警學堂會辦兼巡警處會辦。

安慶巡警學堂在安慶城內東北角百花亭（今安慶衛校），它是一九〇六年清廷令各省辦巡警學堂時創辦的，是清政府專門培訓巡警骨幹的場所。學員分甲、乙兩班，每班兩百人，每期三個月（後改為半年）。甲班畢業後再培訓乙班。參加訓練的學員，每人都發九響毛瑟槍一支，畢業後大都分配到全省各地充當警官，所以又稱警官學堂。

這個職務令徐錫麟欣喜，警官學堂對安徽省來說十分重要，負責這個學堂，不愁沒有機會接觸恩銘這個皖省頭號大員；另外，這個學堂的學生都是帶槍的，教育好了他們，就是起事的基本力量。徐錫麟一邊嚴格訓練學生，一邊向學生灌輸革命道理，同時還在四方聯絡，並帶著學生骨幹出集賢關，遊覽龍珠山、觀音閣，暗中觀察地形，繪製軍事地圖。

徐錫麟的表現漸漸引起了機靈人的注意。學堂裡一個叫顧松的會計，發現徐錫麟有數筆賬目不清，而且發現這位會辦課上言論大膽，課下行蹤詭秘，於是暗暗觀察，還私拆了徐錫麟的信件。顧會計很快確認了徐錫麟的圖謀，大驚之餘，趕緊屁顛顛彙報給恩銘，說這個貌似忠誠的徐錫麟是革命黨。恩銘聽了一笑，說：「革命不是咋呼出來的，革命黨也不是咋呼咋呼就算了的；徐會辦那是咋呼，不是革命，你多心了。」

這位唇上留著兩撇濃密八字須的封疆大吏、皇親國戚對自己的判斷很有信心：一則徐錫麟的推薦人是自己的老師俞廉三，俞前巡撫的表侄怎麼會是革命黨？自己革自己的命不成？二則恩銘這個年齡和閱歷的人對徐錫麟這樣的知識青年再瞭解不過，不外乎一個有些新思想就愛表現一番、以敢說怪話為榮的「憤青」罷了。出於提醒，恩銘有意當面對徐錫麟說：有人說你是革命黨呢。徐錫麟不屑地回道，大人明鑒。一副懶得申辯的模樣，恩銘就更加放心了。

這個時候的徐錫麟，已經和浙江的秋瑾商議好，於一九〇七年七月浙皖兩省同時起義。清明節那天，光復會召集負責浙、皖兩省起義的會黨首領在紹興大禹陵秘密開會，會上決定建立光復軍，大家推舉徐錫麟為首領，秋瑾為協領。會上確定於一九〇七年七月八日，乘安慶巡警學堂舉行學生畢業典禮的時機，由徐錫麟率領光復軍起義，占領安慶城。浙江義軍由秋瑾負責，十九日起義，攻占杭州，進而兩軍會合，奪取南京。

這個起義的時間，因事態變化，一改又改。

秋瑾原擬七月六日起事，徐錫麟說準備不及，改在八日，這一天是警官學堂畢業典禮，恩銘要到場發表重要講話，正好下手；說好是八日，卻又發生了黨人葉仰高被捕的意外，葉仰高被抓後不堪酷刑折磨，將他所知的黨人名單等資訊倒了出來，於是安慶全城搜捕。幸好，徐錫麟他們的往來聯絡全用化名。千鈞一髮的時刻出現了：恩銘破獲此等大案，立即召來他信任的巡警處會辦徐錫麟，要求徐會辦立即按名單抓人；而徐錫麟拿到一看，名單上第一個「光漢子」正是自己！強作鎮定的徐錫麟一邊拍胸脯表二日之內必把亂黨抓乾淨的決心，一邊暗中咬牙——夜長夢多，越快越好了！

完全蒙在鼓裡的恩銘似乎是體貼革命黨人心思，還主動將起義向前提了兩天：本來是七月八日警官學堂畢業典禮，可他說他的一個叫張次山的幕友的老母這一天過八十大壽，他要去祝賀，指示徐錫麟把畢業典禮提前到六日。

起義日期兜了一圈，就這麼戲劇性地又回到了當初秋瑾主張的那個日子。

「刺恩銘現場」

七月五日，徐錫麟按起義計畫向恩銘呈上請帖：「安徽巡警學堂訂立於五月廿八日（農曆）首屆畢業生大會，敬請撫台大人蒞臨訓示。」

七月六日，安徽巡警學堂首屆畢業生在禮堂外臺階下列隊如儀，學堂會辦徐錫麟一身戎裝站在臺階上等待巡撫恩銘蒞臨，他的兩個助手馬宗漢、陳伯平分別把守著左右通道。

學堂全體學生按保衛要求，所有槍械均是空槍。就在恩銘現身之前，有關人員還特意下掉了徐錫麟腰佩手槍中的子彈。然而，革命黨人對此早有準備。

上午九時，威風凜凜的恩銘大人在安徽省數位高官的簇擁下駕臨學堂，距發動起義已只彈指之間了。

官生班的學生首先向恩銘行禮，恩銘答禮。

下面該兵生班學生行禮，就在此時，徐錫麟搶上一步，單腿下跪，雙手舉上學生名冊：

「報告大帥，今日有革命黨人起事！」

莊嚴的畢業典禮正進行著，徐錫麟突然來這麼一下子，十分突兀不得體——事情緊急的話，典禮開始前你不彙報，現在典禮進行中，你不能等結束再彙報嗎？恩銘又吃驚又惱火，正要訓問，這時徐錫麟突然向後閃開，一邊的陳伯平掏出暗藏在身的炸彈，猛力朝高高在座的恩銘扔了過去！

原來徐錫麟那聲報告，就是動手的暗號！

驚天動地的巨響沒有出現，這顆炸彈竟然沒有爆炸！

時間像停止了。

在徐錫麟原先反復敲定的詳細方案裡，一炮解決恩銘後，他掏槍朝左一槍幹掉藩司，再朝右一槍幹掉臬司，而由馬、陳二人分殺兩旁侍坐的各道、府、州、縣官員。可陳伯平投擲炸彈未爆，頓時讓大家不知所措。

滿頭大汗的徐錫麟終於從這可怕的意外中回過神來，立刻俯首彎腰，從靴筒子裡「唰」地拔出兩隻六響手槍，朝恩銘一陣亂放。

驚魂未定的恩銘身中七槍，一中唇，一中左掌手心，一中右腰際，餘中左右腿，都沒有擊中要害。文巡捕陸永頤一聲怪叫，撲上來以身體掩護恩銘，剩下的子彈都射進了陸永頤的背部，陸永頤當場斃命。

徐錫麟槍彈打光，隨即進入一旁小室裝填子彈，武巡捕車德文趁機背起重傷的恩銘朝禮堂外跑。一片混亂、嘶喊中，陳伯平從後面擊中了恩銘致命的一槍，子彈從恩銘的肛門射入，上穿腹胸。轎夫把奄奄一息的恩銘塞入轎中，兩腳拖在轎外，狼狽地抬回撫署。搶救中請西醫開刀，破肚剖腸，卻找不到子彈。再開大腿，仍舊找不著。有說子彈浸泡過毒藥，遇血即化；有說子彈是鉛製，一入體內而自化。

這自是民間傳說，其實只能賴當時的醫術水準有限了。

至此，恩銘才恍然大悟，痛悔交加，死前不斷喊著：「糊塗啊，糊塗！」

安慶城內血戰

清軍關閉了安慶城門，徐錫麟派出的聯絡員出不了城，城外的新軍也進不來，起義軍內外聯繫中斷。這時候，軍械所總辦已攜帶倉庫鑰匙自後門逃走，彈藥都藏在地下庫內，一時無法取出。光復軍戰士從庫房裡拉出一門大炮，架在軍械所後廳，陳伯平取了一枚炮彈裝進炮膛，對徐錫麟說：「現在形勢危急，用炮彈把撫台衙門炸掉，摧毀敵人機關，然後轟擊北門城樓，打開城牆缺口。」徐錫麟見撫台衙門一帶民房稠密，馬上制止說：「這樣做就會玉石俱焚，與革命宗旨不符。我們即使能成功，老百姓也必然糜爛不堪。」堅決不讓開炮。

城門被關閉，又不願開炮炸開城牆，徐錫麟和他的同志們困在彈丸之地的安慶城內，只有死路一條。不久，清軍緝捕營、巡防營隊伍趕到，包圍了軍械所。光復軍利用軍械所的堅固圍牆，有的爬上屋頂，朝著清兵射擊。

晚清的軍隊在這時也算進行了一場實戰，戰鬥力的檢驗結果是：傷亡百餘人，不敢上前。藩司馮煦聞報，立即派道員黃潤九、邑令勞之琦前往督陣，清軍仍遲遲不動。清政府見久攻軍械所不下，開始懸賞重金捉拿徐錫麟。開始三千元，即刻增至七千元，後來高達一萬元，清軍這才開始進攻。雙方相持戰鬥近五個小時，陳伯平犧牲。接著，清軍破門而入，只見徐錫麟軍帽、戎裝丟在地上，不見人影。馮煦再次出示加賞，並嚴令四處搜捕。

下午四點，勢孤力單、被圍困在安慶城內的徐錫麟、馬宗漢和學生等相繼被捕。

這次事件又稱「安慶起義」，從發動到失敗，歷時七個小時，最具震撼力的功績，是擊斃了清朝地方大員、安徽省巡撫恩銘。

行刑現場與死後餘波

對幹掉了朝廷重臣，犯下如此大罪的人，怎麼行刑？有先例可循。一八七〇年張汶祥為朋友報仇，刺死了發跡後霸占當年朋友妻子、並設計害死朋友的兩江總督馬新貽，張汶祥受的是剖挖心臟之刑。

恩銘的妻子、也就是慶親王奕劻的女兒要求按此舊例行刑才解恨、才有警示作用。馮煦等請示兩江總督端方，決定按此例執行。

行刑如此慘烈。一九〇七年七月六日夜，在安慶撫院東轅門外刑場，幾個劊子手手執鐵錘，先把徐錫麟睾丸砸爛。砸碎睾丸後，剖腹取出心臟。挖出的心臟先祭祀恩銘的「在天之靈」，然後，恩銘的衛兵們將這顆心臟炒熟下酒。他們對徐錫麟懷有的是「真誠」的痛恨：「大人待你那麼好，你竟然殺他，我們要看看你到底長的是什麼心肝！」

徐錫麟刺恩銘，沉重打擊了清朝的封建統治。安慶起義之後，清朝高官人人自危，兩江總督端方電告軍機大臣鐵良：「吾等自此以後，無安枕之日」；另有立憲派將安慶發生如此禍事歸因於憲政不行，從而加快了推動立憲的步伐；當然，徐錫麟的壯舉和慘死，更大大激勵了人們推翻清朝的鬥志。搖搖欲墜的清王朝，離死期越來越近了。

從一八七三年到一九〇七年，徐錫麟只活了三十四歲，殞命在「帝國」的暗夜，他沒有看到辛亥革命的曙光；而這曙光裡，有他滾燙的熱血。

清初屠城事件：池塘儲屍幾近殺絕

何憶、孫建華

清朝入關後，有過兩大暴行：揚州十日與嘉定三屠，這兩起屠城事件被稱為清初最為著名的屠城事件。清初這兩起屠城事件，讓煙花古巷變成屠宰場，繁華都市化為廢墟，池塘裡儲滿了屍體，在城民幾乎被殺絕之後清廷才下令「封刀」，僅揚州一城，死者多達八十餘萬人。

戰爭殺人：鐵蹄踐踏的無辜靈魂

戰爭，總是伴隨著血腥的殺戮。自古至今，到底有多少人死於戰亂，人類已經無法作出精確的統計。但至少有一點是肯定的，那就是戰爭同災荒、瘟疫一樣，都可以說是人類歷史上最為悲慘的、人口減員最為明顯的災禍之一。

醉臥沙場君莫笑，古來征戰幾人回——戰爭中殺人是再正常不過的事了。戰場上人數的零消耗是根本不可能達到的。戰場上刀槍無眼，慘烈異常，「傷人一萬，自損八千」，馬革裹屍是常有的事。所以豪放者「不破樓蘭終不還」，慷慨者「縱死猶聞俠骨香」，報國者「捐軀赴國難，視死忽如歸」，悲涼者「金河戍客腸應斷，更在秋風百尺台」。戰場上殺人，殺的都是對方，但也有殺自己人的。有一種酷烈的戰術，叫做同歸於盡。比方說，為了對付金兵的拐子馬，岳飛專門訓練了一種步兵，專門拿刀砍敵人的馬腿，但將自己置於更危險的境地：或者被敵方殺死，或者被馬蹄踐死。另外，還有一種沒死在戰場上卻著實是因為戰爭的緣故而死的人，田豐被袁紹殺掉實在太例外，也怪他命不好，趕上這麼一個死要面子活受罪的主公。另外一種則是不成文的規矩，即將軍如果戰敗的話就應該自殺。古時，像春秋的楚國，就是這條不成文規矩的忠實信守者。有名的城濮之戰，楚國敗，將軍子玉便自殺了。不過這些畢竟是其中的小數目，從數目的角度來講，戰爭所造成的戰爭雙方的將士的死傷人數卻遠遠的少於戰爭所造成的平民的死傷人數。戰爭造成平民死傷的原因有很多，其中，最為主要的一種就是人們所熟知的——屠城，而其中又以清初的屠城事件最為著名。

揚州十日：煙花古巷變屠宰場

明朝末年，政治腐敗，生民疾苦。闖王李自成揭竿而起，於一六四四年農曆三月攻陷北京，明朝覆亡。誰知這時手握雄兵的守衛山海關的明朝將領吳三桂打開山海關，投降了清軍，幾十萬八旗鐵騎盡踏中原。清軍入關，一遇抵抗，必「焚其廬舍」，「殺其人，取其物，令士卒各滿所欲」，轉戰燒殺三十七載，使中國人口從明天啟三年（1623年）的五千一百六十餘萬人減至順治十七年（1660年）的一千九百餘萬人，淨滅三分之二。著名的「揚州十日」、「嘉定三屠」都是在幾乎被殺絕之後才下令「封刀」，僅揚州一城，死者就多達八十餘萬人。

南明弘光元年四月（1645年5月），豫親王多鐸指揮的清軍主力，圍困南明督師史可法所守衛的揚州城。四月十五日，清軍圍困揚州。史可法正在揚州督師，固守孤城，急命各鎮赴援，但各鎮抗令拒不發兵。清軍乘機誘降，史可法嚴詞拒絕。清軍主帥、豫王多鐸先後五次致書，史可法都不啟封緘。二十四日，多鐸命令清軍不惜代價攻取揚州城的西北角。清軍在進攻的鼓聲和炮聲中蜂擁而上，每當一名清兵倒在箭下，另一個便補了上來。很快，屍體越堆越高，一些清兵甚至不需要梯子就能爬上城牆。清軍攻城後，史可法率軍民浴血而戰，但是隨著清兵越上越多，守城的南明將士也開始慌亂起來。紛紛跳下城牆逃跑，這些人有的被摔死在城牆下，有的則在之後的巷戰中，死於亂軍之中。經過七天七夜的激戰，揚州城被清軍攻陷，軍民逐巷奮戰，大部分壯烈犧牲。史可法自殺未遂，被清軍俘虜，多鐸勸他歸降，史可法說：「我中國男兒，安肯苟活！城存我存，城亡我亡！我頭可斷而志不可屈！」遂英勇就義。

揚州的城防崩潰後，揚州城居民只有聽天由命了。儘管當時大雨傾盆，但是一些居民忙著燒香，期望能通過這種主動的討好，保住性命。與此同時他們開始大量地隱藏金銀財寶。但是，這座古老的揚州城在腥風血雨中陷落之後，再次面臨更大的劫難。城陷不久，清軍統帥多鐸便以不聽招降為名，下令屠城。一時間幾世繁華的煙花古巷變成了血流成河的屠宰場。

清軍入城之後便在那些投降的漢人帶領下從一個富戶進入另一個富戶。清兵們先是搶銀子，後來就無所不掠了。直到二十日的白天，還沒有人身傷害。但是夜幕降臨之後，人們聽到了砸門聲、鞭子抽人聲和受傷人發出的號叫聲。到五月二十一日，一份告示保證說，如果藏起來的人能夠出來自首的話就會得到赦免，於是許多藏在自己家裡的人走了出來。可他們走出來後卻被分成五十人或六十人一堆，在三四個士兵的監督下，用繩子捆起來。然後就開始用長矛一陣猛刺，當場把他們殺死，即使撲倒在地者也不能倖免。時人王秀楚在他的《揚州十日記》中記載了當日的慘狀：

> 一滿兵提刀在前引導，一滿兵橫槊在後驅逐，一滿兵居中在隊伍的左右看管以防逃逸。三滿兵驅趕數十人如驅犬羊，稍有不前，即加捶撻，或立即殺掉。婦女們還被用長繩索繫在脖子上，繩索拖掛，累累如貫珠，女人們由於小腳難行，不斷跌倒，遍身泥土，一步一蹶。此時街上但見滿地都是被棄的嬰兒，或遭馬蹄踐踏，或被人足所踩，肝腦塗地，泣聲盈野。路過一溝一池，只見裡面堆屍貯積，手足相枕，血流入水中，化為五顏六色，池塘都被屍體填平了……街中屍體橫陳，互相枕藉，天色昏暗無法分辨死者是誰。在屍體堆中俯身呼叫，漠漠無人聲應答。遠遠地看到南面有數火炬蜂擁而來，我急忙躲避，沿著城牆而走。城牆腳下屍體堆積如魚鱗般密密麻麻，我幾次被屍體絆倒，跌在屍堆上與屍體相觸。由於到處是屍體，無放腳之處，我只好趴下以手代步，一有風吹草動即趴在地上裝做僵屍……

血腥惡臭彌漫，到處是肢體殘缺的屍首。那些從城牆上跳下去企圖逃跑的人不是摔斷了大腿，就是落到了流氓無賴和散兵游勇手中，他們把這些人抓起來拷打，要他們交出財寶來。在城裡，一些人藏到垃圾堆裡，在身上塗滿爛泥和髒物，希望以此躲開人們的注意，但是清兵不時地用長矛猛刺垃圾堆，直到裡面的人像動物一樣蠕動起來，鮮血從傷口流了出來。大火蔓延開來，那些因為藏在屋子裡或地下室裡仍然活著的人們，或者是被無情的大火所吞噬，或者是戰戰兢兢地跑到街上來，被那些仍然在屠城的清兵殺死了。甚至那些被正規的清軍放過去的、赤身露體在街上游轉的、孤弱無助的市民，又被成群的散兵攔住，亂棒打死。

到五月二十五日，即濫殺和搶劫的第六天，這場大屠殺方才結束。清軍接到豫親王的命令，就此封刀。和尚們得到命令開始收集和焚燒屍體。到五月二十七日，開始賑濟口糧。根據焚屍簿的記載，在這次大屠殺中死難的人共有八十餘萬人，其中還不包括落井投河，閉戶自焚及在偏僻處自縊的人。

慘絕人寰的屠城使得幾世繁華的揚州城在瞬間化作廢墟之地，江南名鎮一夜之間成了人間地獄，後人稱之為「揚州十日」。

嘉定三屠：繁華都市化為廢墟

提到「嘉定三屠」，還需從「剃髮令」說起。對於讓漢人剃頭從滿制，清王朝本是相當謹慎的。弘光朝投降，豫親王多鐸進入南京之後，曾有這樣的公告：

剃頭一事，本朝相沿成俗。今大兵所到，剃武不剃文，剃兵不剃民，爾等毋得不道法度，自行剃之。前有無恥官先剃求見，本國已經唾罵。特示。

然而，不久之後，這項政策卻發生了一百八十度轉變。這裡面有兩個原因：一是政局出人意料地進展迅速，江南半壁臣服，除了東南西南，滿清基本已控制了整個中原，安撫之策已達到目的；二是漢人官員的推波助瀾，一些業已歸順的官員們雖換了主子，倒也不甘寂寞，或自動剃髮，以示忠心不二；或上書建議，以媚上謀取賞識。滿清感覺名正言順地推行滿制的時機已成熟，疑慮之心消除。六月，清軍再下剃髮令，命令十天之內，江南人民一律剃頭，「留頭不留髮，留髮不留頭」。

剃髮對當時的漢人而言，心理上是難以承受的。「身體髮膚受之父母，不可損傷」，這是千年以來形成的倫理觀，也是一種根深蒂固的思維方式。剃髮不僅有違傳統，也被視為一種侮辱。因此這項政策不僅遭到了傳統知識份子的抵制，也激怒了下層民眾。於是，本已逐漸平靜的江南又騷動起來了。乙酉年六月二十四日，各地相繼騷亂，地方官和民眾紛紛揭竿而起，嘉定總兵官吳志葵響應，逐走清政府派來的縣令，占據了城市。當時，李成棟正在追剿占據崇明的明軍殘餘勢力，聞訊從吳淞回兵鎮壓，嘉定第一屠開始。

七月初一，兩軍會戰，當地的「鄉軍」雖集合了十幾萬人，但都是平民百姓，熙熙攘攘，擁擠堵塞，屬烏合之眾，毫無紀律，更談不到組織和戰鬥力了，李成棟雖只有不足五千兵力，但均為裝備精良、訓練有素的精兵。一開戰，李成棟以騎兵衝擊，鄉兵即四散奔走，自相踐踏，被打得落花流水，大敗而回。李成棟以大炮攻城，「終夜震撼，地裂天崩，炮硝鉛屑，落城中屋上，簌簌如雨」。初四嘉定城破，李成棟下令屠城，放部下大肆劫掠屠戮，「自西關至葛隆鎮，浮屍滿河，舟行無下篙處」。

白色恐怖並未嚇倒民眾，李成棟一走，四散逃亡的民眾又再度聚集，一位名叫朱瑛的反清義士率五十人進城，糾集民眾，又一次控制了嘉定。「鄉兵複聚，遇剃髮者輒亂殺，因沿路燒劫，煙焰四路，遠近聞風，護髮益堅」。李成棟遣部將徐元吉鎮壓，因嘉定居民聞風逃亡，這一次的目標主要是城郊，「數十里內，草木盡毀。時城中無主，積屍成丘……民間炊煙斷絕」。尤其是外岡、葛隆二鎮，因為組織鄉兵進行了抵抗，幾乎被燒殺殆盡。此為嘉定第二屠。

第二次屠城也未能削弱民眾的反抗意志，抵抗的餘波還在繼續。八月二十六日，原南明總兵綠營把總吳之藩造反，此人本是吳淞守軍將領馮猷獻部下，隨馮投降了李成棟。吳之藩率餘部反攻嘉定城。城內清兵猝不及防。城內民眾紛紛奔至吳軍前，「踴躍聽命」。然而，吳軍乃烏合之眾。清兵反撲之時，「一時潰散」。清兵擁入城內，李成棟惱怒，嘉定也再遭浩劫，這是嘉定第三屠。

自閏六月初嘉定人民自發起義抗清，兩個月內，大小戰鬥十餘次，民眾數萬人遇害，史稱「嘉定三屠」。三次屠殺，將繁華都市，化為廢墟。

當時，清朝是滿族建立的政權，而中原地區是一個以漢族為主體的國家，中原漢族政權歷來視少數民族為「夷狄」，清朝入主中原在一些漢族文人心目中等於「亡國」。清軍入關之初又實行屠城、圈地政策，並長期對漢人進行民族壓迫與歧視，這無疑在漢人心目中烙下深深的印記，但是歷史上漢族政權與少數民族政權之間都曾發動過對對方的非正義戰爭，給雙方人民帶來了深重的災難，這一歷史教訓應當讓我們更加珍視現在民族團結的局面。滿族並不是異族，滿族入主中原並不是侵略和殖民。滿族的發祥地早在戰國時期就被納入了中原政權的版圖，乃是中華民族大家庭的一員。中國五千年的文明史是漢族和各個少數民族（包括已被同化和消失的民族）共同創造的。作為現代人，應該看到民族大融合給中國帶來的積極意義，而不應該長期沉溺於歷史的恩怨與傷痛中不能自拔，更不能再用狹隘的大漢族主義觀念去看待清史。

古代日蝕秘聞：讓天文官丟腦袋，曾阻止戰爭

王玉民

早在遠古時代，太陽就是祖先崇拜和依賴的物件。人們習慣了太陽的朝升夕落，但有時她會突然在白天消失，這引起了人們的恐慌和揣測。這種我們今天稱為「日蝕」的自然現象，曾經讓古人丟過性命，也曾經讓兩個國家從激戰走向和平……古人對日蝕的原因知之甚少，也因此發生了一個個耐人尋味的故事。

中國是世界上最早觀測日蝕的國家之一，觀測日蝕已有四千多年的歷史，有世界上最早、最完整、最豐富的日蝕記錄。中國古代的天文觀測一直走在世界前列。在西元前兩

千三百多年前，我們的先人就建成了當時世界上最先進的天文觀象臺。僅古書（至清代）的史料（不包括甲骨文），就有一千多次日蝕記錄。

日蝕作為罕見的天象，在不知成因的古代，會讓人極度恐慌，認為日蝕是一種凶兆。後來人們從經驗中知道日蝕發生的時間很短，太陽不會永遠被「蝕」，但仍然認為這是老天對人間的「嚴正警告」，直到人們徹底認識了天體的運行規律後，日蝕才卸掉背了幾千年的「黑鍋」。

讓天文官丟腦袋的「仲康日蝕」

在夏朝仲康時代的一個金秋季節，麥浪滾滾，晴空萬里，農民們正在田裡收穫一年的勞動果實。中午時分，人們突然發現，原本高懸在天空光芒四射的太陽光線在一點點減弱，彷佛有個黑黑的怪物在一點點地把太陽吞吃掉。「天狗吃太陽！」——面對突如其來的「兇險」天象，百姓們個個驚恐萬狀，急忙聚集起來敲盆打鑼，按過去的經驗，認為這樣就可以把「天狗」嚇走。

那時，朝廷已經形成一套「救日」儀式，每當發生「天狗吃太陽」時，監視天象的天文官羲和要在第一時間觀測到，然後立刻以最快的速度上報朝廷，隨後天子馬上率領眾臣到殿前設壇，焚香祈禱，向上天貢獻錢幣以把太陽重新召回。可這次，時間過去了好久，眼看著太陽一點點消失，文武百官和仲康大帝都已聚到宮殿前，卻獨不見羲和的身影。已經錯過了最佳救護時間，仲康大帝顧不得多想，連忙主持開始了救護之禮。

這時，天色越來越暗，突然天地一下子陷入黑夜，幾步之內難辨人影，太陽被「天狗」徹底「吞」了！仲康大帝率眾官跪倒在地，一遍又一遍地乞求上天寬恕……

不知過了多久，太陽的西邊緣露出了一點亮光，大地也逐漸明亮起來，日盤露出得越來越多，「天狗」終於把太陽「吐」出來了！發生了這麼大的事，身負重任的羲和居然不見人影，仲康大帝十分惱火，立刻派人去尋找。幾個差役趕到清臺（當時的天文觀測臺），好不容易在旁邊守夜的小屋裡找到了羲和。這位重任在肩的天文官居然在呼呼大睡，一問下屬，才知道他昨天喝了一夜的酒，此刻仍然爛醉如泥。到了殿上，跪倒在天子面前，羲和還是混沌沌，不知幾分人事。仲康大帝得知羲和酗酒誤事後大怒，下令將羲和推出去斬首。

這個故事記錄在中國最早的一本歷史文獻彙編《尚書》中。雖然記錄中沒有「日蝕」二字，但早就被認證為是一次日蝕記錄，而且是中國最早的記錄，被稱作「書經日蝕」、「仲康日蝕」。

阻止了一場戰爭的日蝕

西元前六世紀至七世紀，伊朗高原上強盛的米底王國向西進兵小亞細亞，遇到呂底亞王國的頑強抵抗，兩國在哈呂斯河（今柯孜勒河）一帶展開激烈的戰鬥。腳下的土地被爭來奪去，戰役一個接著一個，就這樣一打就是五年。

一天，兩軍對陣，激烈的廝殺一直持續到太陽偏西。忽然，士兵們發現，一個黑影闖入圓圓的日面，把太陽一點點吞食，大地的亮度慢慢減弱，好像黃昏提前來到。隨即，太陽全被吞沒，頓時天昏地暗，仿佛夜幕突然降臨，一些亮星在昏暗的天空中閃爍。士兵們從來沒見過這種景象，驚得目瞪口呆，停止了廝殺。

過了不久，太陽重新出現，日蝕很快結束了，但雙方認為這是上天不滿兩國的戰爭而發出的警告，仗不能再打下去了。一場曠日持久的戰爭，就這樣因偶遇一次日全蝕而化干戈為玉帛。

這個故事記載在古希臘歷史學家希羅多德的著作《希波戰爭史》中。據說，著名學者泰勒斯預知這次日全蝕後，打算利用當時人們對日蝕的恐懼心理來消除戰禍。後人對此做過種種考證，推測他可能使用古巴比倫人發現的沙羅週期（即日、月蝕經過十八年十一天又八小時後會重複出現）來預報的。不過沙羅週期只是個近似週期，特別是日全蝕的全蝕帶很窄，同一週期裡每次發生的位置都不一樣。看來，如果泰勒斯作了預報的話，也是僥倖說對，因為全蝕帶恰好落在兩國交戰的戰場上。

李淳風知天不懼命預報日蝕

中華民族的天文曆法在唐代取得了長足進步，曆法、觀測儀器、天象記錄等方面都出現了總結性或突破性的成果。李淳風就是那時湧現出的奇人。

唐代初年，國家行用《戊寅元曆》，二十五歲的李淳風對這部曆法做了仔細研究，發現它存在缺陷，於是上書朝廷，指出《戊寅元曆》的多處失誤，提出修改方案。唐太宗李世民很開明，採納了他的建議，並選派他入太史局任職。

李淳風綜合前人許多曆法的優點，又融入自己的新見解，編成一部全新的曆法。他對自己的新曆法充滿信心。一年，他按自己的曆法計算某月初一將出現日蝕，而按照舊曆書，這天是沒有日蝕的。他把自己算出的日蝕發生、結束的精確時刻上報到朝廷。既然太史丞預報，李世民不能不理，於是到了這天，他半信半疑地率領眾官趕到殿前，準備好救護儀式。

快到李淳風說的時間了，天上圓圓的太陽還是毫無動靜。李世民不高興地說：「如果日蝕不出現，你可是欺君之罪！」欺君之罪是要被殺頭的，李淳風卻毫不懼怕地說：「聖上，如果沒有日蝕，我甘願受死。」李淳風在地上插一根木棍，影子投射到牆上，他在牆上的影子邊劃了一條標記，說：「聖上請看，等到日光再走半指，照到這裡時，日蝕就出現了。」果然，過一小會兒，天上的太陽開始被一個黑影侵入，跟他說的時間絲毫不差，於是百官下拜祈禱，鑼聲、鼓聲響成一片。

麟德二年（665年），朝廷決定改用李淳風的曆法，並將其命名為《麟德曆》。此故事見於唐代劉餗所著的《隋唐嘉話》。正因為李淳風編撰的曆法精密，他才有這份自信，才敢冒風險預報這次前人漏報的日蝕。

既然能預報了，說明人們已經知道它是自然現象，那麼為什麼還要搞救護儀式？這反映了在人們認識提高的同時，封建體制和傳統意識的相對頑固和滯後性。到明末和清朝，這個矛盾更加突出：一方面，按傳統觀念，日蝕是上天的警告，統治者必須舉行儀式救護；另一方面，天文學家對日、月、地的運行已瞭解得很透徹，日月蝕已能精確預報，說明它們與地上的人、事沒關係。比如到清朝，雖然仍有龐大的司天機構，曆法和天文儀器的精密度也達到歷史最高水準，但天文官對政治的影響卻大大降低了，除了曆法頒布仍是皇家的大事外，朝廷對天象的關注只剩下象徵意義而已。

清末彩票：回報率70%

閔傑

「博彩」並不是現代人的專利，其實早在光緒八年（1882年），人們就開始玩「博彩」了，彩票也隨之成為了清末社會生活的一個熱門話題。人人都知道，買彩票中獎的總是少數，清朝末年國貧民窮，一張彩票價格五元，足夠小民百姓一家子充充裕裕過一個月的日子，可為什麼人們還要冒著把錢丟在水裡的風險去買彩票呢？

中頭彩一幢洋樓

清末彩票賣得十分火爆。一九〇一年，全國彩票銷售中心的上海，正式註冊的彩票公司就有十一家，每月銷售十七萬張彩票，月銷售額達到八十五萬元，這個數額還不包括一些未經批准的小公司。一九〇三年，在華中重鎮武漢，彩票店星羅棋布，有記者報導說：武昌「每一大街，長不過二百碼，而售彩票者，竟有四家：凡彩票之店，裝飾華麗，頗動人目。」又說：「大街小巷，招牌林立者，售彩票之處也；兒童走卒，立談偶語者，買彩票之事也。」足見彩票行業之昌盛。

而不管彩票商打什麼旗號，救濟災民也好，興辦教育也好，都是拉大旗作虎皮，為的是把彩票賣出去。買彩票的人不管你作怎樣的宣傳，願為社會盡義務者不能說沒有，但當時做這種事的正常管道有的是，既買彩票，說到底，是衝著中彩去的，尤其是想中頭彩。當時的頭彩中彩率是萬分之一，彩金有多有少，除了偶爾的情況外，一般不少於一萬元，這筆錢的價值形象點說，就是一幢洋樓。

彩票最講究的就是頭彩，它具有轟動效應。哪家公司頭彩給得多，人們就對它的彩票感興趣，因此各家公司都在這方面做足文章。清末的通行做法是，頭彩彩金最少占銷售額的20%（注意，不是公司利潤的20%）。打個比方說，如果一家公司每月彩票銷售額一萬元，它就要拿出兩千元來給中頭彩的人，遠遠高於彩票公司自己從發行這期彩票中所得的利潤。這個規矩從第一家彩票公司廣濟公司開辦時就定下來了。它創辦後第一個月的銷售額是五萬元，頭彩是一萬元。別的公司一般也是這個比例。在二十世紀最初的幾年，頭彩最高的是德國商人辦的普益公司，它的頭彩是一座兩層的洋樓，上下六十間房，外加平房三十間，經公估，這些房屋時價一萬六千元，比其他彩票公司頭彩高出60％，這些房間如果用於出租，每年可得租金一千八百元。

到一九〇五年以後，上海的彩票公司加大彩票發行量，相應地增加頭彩的彩金，各省爭相仿效，湖北彩票公司、安徽鐵路彩票公司的頭彩都達到了十萬元。十萬元是個什麼概念？當時中國很多民營企業的創辦資本不到一萬元，十萬元是一家中型企業。如果頭彩得主將彩金用於投資，可以穩穩當當地做個企業家，成為小城市裡的大闊佬。清末人對彩票趨之若鶩，這是第一個原因。

回報率70％

每一期彩票，頭彩只有一個（有的公司開雙彩，頭彩有兩份，但彩額相應降低，實際是一回事），而博彩者是一支龐大的隊伍，必須要讓相當數量的人滿意，才能維持他們不變心。對此，彩票公司是很捨得拿出錢來的，返彩率達到70％左右。而且，這不是給人嘴上抹點糖汁，彩票是一種經營，經營就不能蒙人。清末的博彩者，不中彩則已，只要是中了彩，所得到的就能令人滿意。口說無憑，讓我們從早期彩票公司中找一個例子來看看。

一九〇〇年外商在上海設立的廣益公司是當時最有名氣的彩票公司，公司每月發行彩票一萬張，銷售額五萬元，彩票公司拿出其中的75％即三萬七千五百元用於返還中彩人，各個等級的得彩情況如下：

史海獵奇

清末彩票：回報率70%

頭彩1張，得彩1萬元；
二彩1張，得彩4000元；
三彩1張，得彩2000元；
四彩2張，得彩各500元；
五彩10張，得彩各100元；
六彩30張，得彩各50元；
七彩840張，得彩各20元；
頭彩附彩2張，得彩各300元；
二彩附彩2張，得彩各200元；
三彩附彩2張，得彩各100元。

以上得彩總張數八百九十一張，占彩票發行額一萬張的9%；這就是說，按平均率計，每買十一張彩票，就有一次中彩的機會。買十一張彩票的花費是五十五元，即使中的是末等的七彩，也可得二十元。拿出五十五元就能得二十元，錢花得並不算太冤，運氣好的話還可以得的更多，甚至中個一二三等彩也說不定，所以許多人都想去碰一碰運氣。

再仔細琢磨一下這張彩金等級表是很有意思的，公司的彩額分配很有講究：基數特大，末等的七彩八百四十張，占全部中彩彩票八百九十一張的90%以上，有意鼓勵市井小民多多參與；頭彩特重，刺激有錢人多買。公司把全部彩額的大部分放在末彩與頭彩中，有錢的多買，無錢的捧場，彩票豈能沒有市場？

扣除上述全部返彩金額三萬七千五百元後，廣益公司自己從每期銷售收入五萬元中僅剩下一萬兩千五百元，再加上給各家經銷彩票的票行5％的折扣以及支付各種開銷，公司所得不過幾千元，遠遠低於獲頭彩人的所得，也不比二彩得主多多少，廣益是這樣，其他各公司也莫不如此。這麼說來，彩票公司不是沒什麼錢可賺了嗎？俗話說，買的不如賣的精。要掏你的口袋，當然要給足甜頭。彩票公司出手如此大方，顯然是懂得只有高付出才有高回報的道理的。只要彩票賣得出去，公司每期的收入就是有保證的，信譽越高，市場就越大，公司彩票的發行量就可以成倍增長，利潤就會相應翻倍。清末一些著名彩票公司，從初創到鼎盛時期，彩票發行量都增長五倍左右，利潤也同比增長。更重要的是，對博彩者來說，中彩與不中彩之比大約是1：10，一人中彩就有十個人在為他墊背，而彩票公司則穩賺不賠，任你博彩者爭得天昏地暗，它照收漁人之利。

小民所得實實在在的現金

清末彩票的返彩形式，是實實在在的現金，決不用物品特別是滯銷商品來抵充現金，這是一種起碼的信譽，正經的彩票公司都不屑於做那種以次充好自敗名聲的事情。個別公司如果因為情況特殊，不得不以物品代替現金，那就得做到兩點，首先，它給彩人的物品價值，必須高出其他公司的同等彩金，假如其他公司的頭彩為一萬元，該公司的頭彩物品價值應當遠遠超出一萬元。其次，中彩人如果想要現金不要物品，公司仍然要將物品折合成現金支付。因此，這種公司的彩票同樣是受到市場追捧的。

舉個例子來看。十九世紀末蘇州開埠，房地產業一哄而上，很快樓房過剩，眾多開發商面臨破產，德商普益公司就是其中之一。公司因資金周轉不靈，想靠發彩票渡過難關，一九〇〇年在上海設立同名的彩票公司。普益公司手中有房，囊中無錢，返彩方式當然是樓房，於是就有上文所提到的中頭彩者給一幢洋樓。因為是以實物抵現金，這座價值一萬六千元的洋樓就比其他公司一萬元的頭彩高得多。獎額如此之高，公司仍怕輿論指責它以實物抵現金，特意規定：凡不願意要房者，公司可以支付現金一萬兩千元，這還是比其他公司的頭彩高。要房要錢，任取其便，人們會怎麼選擇，不言而喻。

彩票具有賭博性，但經營卻必須老老實實，一個企業光靠騙術是不能長期存在的。清末的彩票商懂得這個道理，這也是正規的彩票商與搞非法彩票的奸商的區別所在。

嚴懲違規舞弊的搖號員

對於買彩票的人來說，最擔心的就是彩票公司弄虛作假，小老百姓根本摸不著大彩，一二三等彩都被經營者的親朋好友摸去了。在清末正式註冊的彩票公司中，外商彩票公司從未見到這種投訴；中國的公司則常常發生這種事，但處罰也是極重的。

一九〇〇年北方鬧義和團加之八國聯軍入侵，上海市面恐慌，彩票不好賣，常常到了開彩的日期，彩票還未全部售出。如果照常開彩，而大彩的號碼恰恰在沒賣出去的彩票中，購彩者就會對公司是否公正產生猜疑。為了信譽，外商華洋合眾彩票公司宣布推遲開彩半個月，寧可讓人抱怨，決不讓人猜疑。外商同利公司是按期開彩的，二彩恰在公司未賣出的票內，於是當眾宣布，將二彩彩金全數捐給慈善事業，也同樣維護了自己的信譽。

中國的彩票公司沒有這麼嚴格，特別是官辦公司，內部舞弊不斷發生，但當局能不斷糾正。倘若有弊不究，引起公憤，一般情況下，這家公司就咎由自取，宣告完蛋。一九〇五年，福建彩票公司已經成立一年多，到第十七期彩票開彩時，頭彩一直未見，原來是搖號人與主持者串通作弊。博彩者上臺與主持開彩人理論，遭員警棍毆，致觸眾人之怒，群擁而上，搗毀公司屋內器具。事後地方官掩飾真相，謊報朝廷說是別有用心者聚眾鬧事。當時新聞報刊已經比較發達，也還敢說話，捅破事件真相，地方官終不能一手遮天，公司被取締。以後浙江等省的彩票公司也都因為舞弊而撤銷，安徽鐵路彩票公司發生舞弊後，因為暫時查不明原因，被停業整頓。這些都是巡撫（省長）扶持並報請朝廷批准的全省性彩票公司（每省一家），被取締後，這些省份就不准再設立彩票公司，省財政收入因此受到不小的影響。清末在嚴厲取締違規公司方面，還真有點揮淚斬馬謖的味道。

但也不盡然。清末有兩家規模最大的彩票公司，一家是上海的南洋彩票公司（其前身即發行江南義賑票的廣濟公司，一九〇五年因六年專利期滿，收歸官辦，改稱南洋），一家是湖北彩票公司，後臺分別是赫赫有名的兩江總督和湖廣總督，同樣是發生舞弊案，公司照辦不誤，但處理則足以讓再犯者戒。南洋公司某期頭彩為公司職員所得，經查，事屬偶然，無作弊嫌疑，然而人言可畏；兩江總督下令，此後公司中人不許購買本公司彩票。湖北簽捐彩票初辦時，從廣東招來兩名搖號員，舞弊事發，湖廣總督張之洞下令該期彩票頭彩停發，兩名搖號員處死。所謂法不容情，在清代彩票業中還真有那麼點味道。清朝彩票的繁盛不是一種正常的社會現象，怎樣保持這種繁盛，清政府和地方官還是清醒並拿得出辦法來的。

什麼人買彩票

在彩票運行的過程中，彩票公司自己並不直接賣彩票，而是批發給票行去經銷的。票行既銷售彩票，也批發給各個零售點。如果某一期彩票經某票行批出後中了大彩，公司和票行必登報聲明，表明公司發行的彩票有信譽，或票行賣的彩票運氣好，人們以後可以從它那裡多買多批。聲明的內容包括：中彩等級、中彩人姓名、住址或工作單位。這些名單保留到今天，使我們能通過中彩人瞭解到購買人的情況。以下是上海同利公司一九〇一年公布的第二期彩票頭彩中彩人名單：「丹桂茶園任福林、金瑞寶，協生煙店陳姓女，洋人楷先生，致中和燭店王月卿，良濟藥房鳴岐醫生，賣水果人吳錦昌，本地女客朱氏，洋貨客趙德元，畢喇洋行，各得一條。」同利公司第四期彩票的頭彩名單是：「恒瑋昌銅絲並顏料店內馬雲齋、卜姓、張姓共得五條，虞履洲翁、城隍廟道士、百花巷程宅廚師、虹橋順興紅木作坊主人各得一條，尚有紅票一條，未曾來取。」

每期彩票，頭彩只有一份，以上兩份名單的頭彩得主有好幾人，這是因為彩票公司為吸引平民百姓買彩票，對整張彩票進行了分割。晚清彩票一張五元，分割成十條賣，每條五角，窮人也買得起，頭彩一萬元，每一條得彩一千元。綜合兩份名單，得彩人有店主、店員、商人、小販、廚師、作坊主，大多是一些城市裡的中下層人，此外還有洋人和洋行裡的人；婦女很少在社會上公開活動，而第一份名單上十人中竟有二人，說明參加者不在少數；令人驚訝的是，自號「清虛無為」的道士也加入了購彩者大軍，表明彩票對社會確有極大的吸引力。兩份名單上都無農村住址，說明在一九〇〇年彩票初起之時，農民購買者很少。中國農民被捲入彩票市場是從湖廣總督張之洞強行派發湖北簽捐票開始的。

中彩人姓氏連同住址被公諸報刊，讓人人知曉，在彩票公司是為了證明自己的公道，表明大彩確確實實被某地某人所得，有案可查，無弄虛作假現象；而中大彩的人也不覺得姓名、身分被公諸報端有什麼不妥，有時中彩人還會自己登報聲明中了大彩，感謝公司讓他發了財，當然有可能是公司在背後指使。但不管怎麼說，中彩人的姓氏連同住址被曝光，說明當時的社會心理還比較正常：人們不怕露富，不擔心驟得鉅款而被偷被搶被勒索甚至被綁票。看來清末社會治安也許不像人們想像的那麼糟，儘管它已經到了封建統治的末世。

歷史不忍細究 貳

作　　者　《百家論壇》編輯部

發 行 人　林敬彬
主　　編　楊安瑜
編　　輯　陳佩君
內頁編排　于長煦
封面設計　林妍邑

出　　版　大旗出版社　行政院新聞局北市業字第1688號
發　　行　大都會文化事業有限公司
11051台北市信義區基隆路一段432號4樓之9
讀者服務專線：(02)27235216
讀者服務傳真：(02)27235220
電子郵件信箱：metro@ms21.hinet.net
網　　址：www.metrobook.com.tw

郵政劃撥　14050529 大都會文化事業有限公司
出版日期　2012年01月初版一刷
定　　價　250元
I S B N　978-986-6234-35-4
書　　號　History-33

國家圖書館出版品預行編目資料

歷史不忍細究 貳／《百家論壇》編輯部著. -- 初版. --
臺北市：大旗出版社：大都會文化發行, 2012. 01
面；　公分. --（History ; 33）

ISBN 978-986-6234-35-4（平裝）

1.中國史　　2.歷史故事

610.9　　100025466

大都會文化　讀者服務卡

書名：歷史不忍細究 貳

謝謝您選擇了這本書！期待您的支持與建議，讓我們能有更多聯繫與互動的機會。

A. 您在何時購得本書：______年______月______日

B. 您在何處購得本書：____________書店，位於____________(市、縣)

C. 您從哪裡得知本書的消息：

1.□書店　2.□報章雜誌　3.□電台活動　4.□網路資訊

5.□書籤宣傳品等　6.□親友介紹　7.□書評　8.□其他

D. 您購買本書的動機：（可複選）

1.□對主題或內容感興趣　2.□工作需要　3.□生活需要

4.□自我進修　5.□內容為流行熱門話題　6.□其他

E. 您最喜歡本書的：（可複選）

1.□內容題材　2.□字體大小　3.□翻譯文筆　4.□封面　5.□編排方式　6.□其他

F. 您認為本書的封面：1.□非常出色　2.□普通　3.□毫不起眼　4.□其他

G. 您認為本書的編排：1.□非常出色　2.□普通　3.□毫不起眼　4.□其他

H. 您通常以哪些方式購書：(可複選)

1.□逛書店　2.□書展　3.□劃撥郵購　4.□團體訂購　5.□網路購書　6.□其他

I. 您希望我們出版哪類書籍：（可複選）

1.□旅遊　2.□流行文化　3.□生活休閒　4.□美容保養　5.□散文小品

6.□科學新知　7.□藝術音樂　8.□致富理財　9.□工商企管　10.□科幻推理

11.□史哲類　12.□勵志傳記　13.□電影小說　14.□語言學習（____語）

15.□幽默諧趣　16.□其他

J. 您對本書(系)的建議：

____

K. 您對本出版社的建議：

____

讀者小檔案

姓名：______________ 性別：□男　□女　生日：____年____月____日

年齡：□20歲以下 □21～30歲 □31～40歲 □41～50歲 □51歲以上

職業：1.□學生 2.□軍公教 3.□大眾傳播 4.□服務業 5.□金融業 6.□製造業

7.□資訊業 8.□自由業 9.□家管 10.□退休 11.□其他

學歷：□國小或以下 □國中 □高中／高職 □大學／大專 □研究所以上

通訊地址：________________________________

電話：（H）______________（O）______________ 傳真：______________

行動電話：________________E-Mail：________________

◎謝謝您購買本書，也歡迎您加入我們的會員，請上大都會文化網站 www.metrobook.com.tw 登錄您的資料。您將不定期收到最新圖書優惠資訊和電子報。

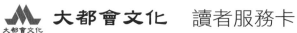

不忍細究 歷史 貳

北區郵政管理局
登記證北台字第9125號
免貼郵票

大都會文化事業有限公司

讀者服務部 收

11051台北市基隆路一段432號4樓之9

寄回這張服務卡〔免貼郵票〕
您可以：
◎不定期收到最新出版訊息
◎參加各項回饋優惠活動

大旗出版
BANNER PUBLISHING

大旗出版
BANNER PUBLISHING